Aus Freude am Lesen

### Buch
Harald Martenstein setzt Maßstäbe: Viele Leser der ZEIT beginnen ihre Lektüre mit seiner Kolumne »Lebenszeichen«. Er denkt nach über die jüngsten Entwicklungen in unserer Gesellschaft, sowohl große als auch kleine. Er macht sich Gedanken über Altachtundsechziger und Aphrodisiaka ebenso wie über Kinderkriegen und Kommunalpolitik oder auch Tango, Testosteron, Trends und Trennungen und trifft dabei ins Herz deutscher Empfindsamkeit. Harald Martenstein begegnet dem alltäglichen Wahnsinn mit einer Mischung aus Anarchie, lustvollem Sezieren und gnadenlosem Beim-Wort-Nehmen. Dabei erklärt er uns die Welt, ohne dass wir hinterher klüger wären.

Zu seinen durch und durch subjektiven Betrachtungen hat Alice Schwarzer ein bestechend objektives Vorwort hinzugefügt.

### Autor
Harald Martenstein, geboren 1953, ist Autor der ZEIT-Kolumne »Lebenszeichen« und Redakteur beim Berliner »Tagesspiegel«. 2004 erhielt er den Egon-Erwin-Kisch-Preis. Sein Roman »Heimweg« wurde mit dem Corine-Preis ausgezeichnet.

### Harald Martenstein bei btb
Heimweg. Roman (73 864)
Der Titel ist die halbe Miete. Mehrere Versuche über die Welt von heute (74 088)

# Harald Martenstein

# Männer sind wie Pfirsiche

Subjektive Betrachtungen über den Mann
von heute mit einem objektiven Vorwort
von Alice Schwarzer

Verlagsgruppe Random House FSC-DEU-0100
Das für dieses Buch verwendete
FSC®-zertifizierte Papier *Schleipen Werkdruck*
liefert Cordier, Deutschland.

5. Auflage
Genehmigte Taschenbuchausgabe Oktober 2009,
btb Verlag in der Verlagsgruppe Random House GmbH, München
Copyright © der Originalausgabe 2007 by C. Bertelsmann Verlag,
München, in der Verlagsgruppe Random House GmbH
Umschlaggestaltung: semper smile, München, nach einem
Umschlagentwurf von R·M·E Roland Eschlbeck und Rosemarie
Kreuzer
Umschlagfoto: © plainpicture / Deepol
Druck und Einband: CPI – Clausen & Bosse, Leck
UB · Herstellung: SK
Printed in Germany
ISBN 978-3-442-73927-1

www.btb-verlag.de

# Inhaltsverzeichnis

Meine Begegnung mit Martenstein
von Alice Schwarzer 9
Über Anfänge 13
Über Alice Schwarzer 16
Über Altachtundsechziger 19
Über das Alter 21
Über Angela Merkel 23
Über Anrufbeantworter 26
Über Aphrodisiaka 29
Über Beruf und Karriere 32
Über Buddhismus 35
Über Christentum und Islam 37
Über die Ehe 40
Über Eitelkeit 43
Über Familie 45
Über Feminismus 48
Über Friedrich Schiller 50
Über Friseurbesuche 53
Über Fußball 56
Über Geld 59
Über die deutsche Gesellschaft 62
Über Günter Grass 65

Über Herpes 68
Über Hörgeräte 71
Über John Lennon 74
Über Journalismus 77
Über das Kinderkriegen 80
Über Kommunalpolitik 83
Über den Krieg 86
Über das Landleben 89
Über das Leben als solches 92
Über Literatur 94
Über Mobilat 97
Über Moral 99
Über Mütterlichkeit 101
Über den November 103
Über Ostmitteleuropa 105
Über Parkplatzsex 108
Über Partys 111
Über Porno 114
Über Postfeminismus 117
Über die Prostata 120
Über Psychoanalyse 122
Über das Rauchen 125
Über die Rolling Stones 128
Über *Schindlers Liste* 130
Über Schule 133
Über die Schulter 136
Über die Schulter (Teil 2) 139
Über Sekretärinnen 142
Über Sexismus, Rassismus und
Chauvinismus 145
Über Spanien 148

Über Tango 151
Über Testosteron 154
Über Trends 157
Über Trennungen 160
Über die Unterschicht 162
Über wahre Werte 165
Über weibliches
Kommunikationsverhalten 168
Über Weihnachten 171
Über den Widerstand im
Nationalsozialismus 174

*Was die Männer betrifft, so habe ich herausgefunden, dass ihr Verhalten in verblüffender Weise einem Pfirsich gleicht. Im Kern ist der Mann sehr wahrscheinlich monogam veranlagt. Ähnlich wie um den harten Kern des Pfirsichs herum eine dicke Schicht von weichem, saftigem Fruchtfleisch wächst, wird auch der harte, monogame Kern des Mannes von einer weichen, weniger monogamen Schicht umgeben. Wenn man einen Pfirsich isst, bleibt am Ende der Kern übrig. Das Leben isst uns Männer auf. Am Ende, wenn wir ein Methusalem sind, bleibt auch von uns nur noch der steinharte, vertrocknete Kern übrig, wir sind dann vollkommen monogam geworden. Ich finde, so poetisch hat das noch niemand ausgedrückt.*

# Meine Begegnung mit Martenstein

Es wäre »ihm eine große Ehre und ein großes Vergnügen zugleich«, schreibt der Verlag, »wenn Sie das Vorwort schreiben würden«.

Ich? Da steckt doch was dahinter! Will der Martenstein etwa testen, ob Feministinnen Humor haben? (Was bekanntermaßen nicht der Fall ist.) Will er bei seinen emanzipierten Freundinnen punkten? (Sein Verhältnis zu Autos scheint ja neuerdings entspannter als das zu Frauen.) Beschleicht ihn der Verdacht, dass seine Redaktion ihm zu häufig eine Montagsproduktion durchgehen lässt, statt ausschließlich Martenstein *from his best* zu drucken, und sucht er deshalb eine strengere Chefredakteurin? (Tja, das ist der Preis des Ruhms, wenn alles gedruckt wird.) Oder ist die Idee etwa von seiner cleveren Literaturagentin? (Wg. schnöder Auflage.)

However. Dass ich zu der Millionenschar seiner Fans und Fäninnen gehöre, weiß Martenstein. Nicht nur, weil ich ihn auch schon mal erfolgreich zu einer Glosse für *EMMA* überredet habe. Auch, weil ich jüngst bei einer seiner Lesungen war. Nein, nicht der Glossen, des Romans. Den habe ich aber nicht gelesen. Aus Prinzip. Ich missbillige es nämlich, wenn gute JournalistInnen Romane schreiben; schließlich gibt es viele RomanschreiberInnen, aber nur wenige gute JournalistInnen.

Meine Teilnahme an der Martenstein-Lesung war einer glücklichen Fügung zu verdanken. Anlässlich eines Besuchs bei Freundinnen auf dem Land verkündeten die mit verhaltenem Stolz: Heute Abend liest der Martenstein in W. Martenstein? Na, das ist doch die Gelegenheit, sich den Mann mal anzusehen!

Wir zogen zu dritt los. In der kleinen, feinen Buchhandlung waren die Stühle schon enger gerückt. Ich landete in der zweiten Reihe. Vor mir nicht nur geneigte Köpfe, sondern auch drei faustgroße Holzwollschafe und ein Immergrün in weißer Porzellanschale auf dem Bord zwischen dem Autor und mir. Dahinter, neben der Kasse, wo sonst die Buchhändlerin sitzt, der Dichter aus der Hauptstadt.

Ich musste mich die ganze Lesung über recken, denn schließlich war ich ja auch gekommen, um etwas zu sehen. Was aber niemanden gestört hat, denn hinter mir hockten nur noch die Regale mit den Werken von Martenstein und anderen Romanciers. Nach einer knappen halben Stunde klappte der Autor sein Œuvre zu. Ein Raunen der Enttäuschung ging durch das sehr geneigte Publikum. Schon ...?

Noch Fragen? Und ob! Was nun folgte, war Martenstein pur. Los ging es mit dem üblich konfus-eitlen Selbstdarsteller, und es endete bei der ehrfürchtig-bewundernden Zeit-Abonnentin. So ein Fan-Publikum schwankt ja nicht nur in der Provinz zwischen Adoration und Aggression. Die Fallhöhe kann gewaltig sein für den Gegenstand der Zuneigung.

Nach der ersten nassforschen Anmache durch einen Mann, halten zwei, drei Damen es für angebracht, empört ihre uneingeschränkte Bewunderung kundzutun. Da reichte es dem zweiten der fünf Männer im Raum! (Das Geschlechterverhältnis bei Martenstein-Lesungen scheint ähnlich zu sein wie bei Schwarzer-Lesungen – oder ist es bei allen Lesungen so?) Jedenfalls ergriff der knapp Achtzigjährige nun energisch das Wort und fragte den erklecklich jüngeren Autor in harschem Ton, woher er all diese Dinge, die er da über die vierziger Jahre schreibe, denn überhaupt wissen wolle?! Schließlich sei er, der Autor, ja überhaupt nicht dabei gewesen, im Gegensatz zu ihm, dem Leser.

Da murmelte Martenstein was von »dichterischer Freiheit« – und machte ziemlich abrupt Schluss. Schließlich musste er ja auch noch weiter. Die örtliche Buchhändlerin hatte es nicht gewagt, den Autor im einzigen Hotel von W. unterzubringen, sondern ihren Ehrengast in einem zwanzig Kilometer entfernten Sterne-Hotel einquartiert, in dem jüngst auch die Handball-Weltmeister genächtigt hatten.

Als ich dann abends zu Hause in meinem Bettchen lag und an den Arbeitsberg dachte, der mich auf meinem Redaktionsschreibtisch erwartet, da wurde ich ganz melancholisch. Ich dachte: Der Martenstein hat's gut. Der muss als Glossenschreiber immer nur was erleben und das Ganze dann verdichtet in eine subjektiv-spielerische Form bringen, eben die äußere und innere Realität mit dem narrativen Band der Phantasie und Selbstironie verknüpfen. Und schon ist das Ding geritzt. 60 Zeilen à 60 Anschläge, einmal die Woche. Damit verdient der Kollege sein Geld. Und gutes Geld, wie ich der Tatsache entnehme, dass der Chefredakteur von Leben jüngst in seinem Editorial über die Martenstein-Honorare stöhnte.

An dieser Stelle habe ich eine Pause eingelegt und die

Glossen zu Ende gelesen. Mit großem Vergnügen! Kaum eine Montagsproduktion. Ich weiß auch gar nicht, wie ich darauf komme, Martenstein habe neuerdings ein angespanntes Verhältnis zu Frauen. Nur weil er nach Kreuzberg gezogen ist. Im Gegenteil: Der Mann weiß noch im größten Gendertrouble, worum es geht. Und das – oder weil? – er mit einer Schwäbin verheiratet ist. Auch sein fünfzehnjähriger Sohn liefert zunehmend Stoff. Das kann heiter werden. Für uns.

Eines schätze ich ganz besonders an Martenstein (und das unterschiedet ihn fundamental von der Titanic-Clique): seine durchgängige Sensibilität für Pornografisches und Menschenfeindliches. In echt. Denn das ist ja immer das Geheimnis eines wirklich guten Humors: sein ernster Kern.

Meine drei Lieblingsglossen sind übrigens »Über Feminismus«, »Über Friseurbesuche« und die Sache mit Weihnachten. Aber bei uns fing der Streit nicht erst um dreiundzwanzig Uhr, sondern schon um fünfzehn Uhr an. Wegen der krummen Tanne. Jedes Jahr eine krumme Tanne. Behauptete zumindest meine Großmutter. Darum habe ich seither immer eine gerade. Aber das ist eine ganz andere Geschichte.

*Alice Schwarzer*

# Über Anfänge

Die soeben gebildete große Koalition übernimmt ein schweres Erbe.

Nein, so kann man's beim besten Willen nicht ausdrücken. Schweres Erbe – das klingt klischeehaft. Höchstens könnte man sagen: »Sie übernimmt ein leichtes Erbe« oder, noch besser: »Die Koalition übernimmt ein mittelgroßes Erbe mit zwei Henkelchen dran«, also das Klischee umdrehen oder ironisch konterkarieren, das geht, aber in diesem Fall passt »leichtes Erbe« inhaltlich leider überhaupt nicht. Inhaltliche Korrektheit erwartet der Leser schon, Gott sei's geklagt. Gunther Sachs hat ein leichtes Erbe übernommen, das ginge. »Soeben gebildete große« klingt auch viel zu schwer, da möchte man wahrlich kein Substantiv sein, mit so viel Zeug um den Hals. Substantive sind die Neger der Sprache, das ist von Adorno oder von Oscar Wilde, oder ist es am Ende gar von mir selber?

Die große Koalition, welche ... nein, »welche« wirkt denn doch zu altfränkisch und zu verspielt in diesem Politzusammenhang. Der Bratschist Fridolin Hafelspütz, welcher das Bratschenspiel mit einer solchen Leidenschaft betrieb, dass eines Frühsommertages mitten in einer F-Dur-Sonate der Bratschenbogen zu grünen begann und frische Triebe aus ihm hinaussprossen ... perfekt. Hier aber möchte ich straight beginnen, mehr wie ein Song von Bruce Springsteen.

Wir haben jetzt eine große Koalition.

Moment mal, welches »wir« spricht hier eigentlich? »Wir«-Anfänge sind hypertroph, Hybris, Hype. Da ist es weniger eitel, gleich unverblümt »ich« zu sagen.

Ich habe jetzt eine große Koalition.

Das klingt vielleicht doch eine Spur zu eitel. Gott könnte so reden. Die Formulierung »große Koalition« ist ja, wenn man darüber nachdenkt, als solche schon problematisch, selbst schon Klischee, vernutzt, oft gehört, löst keine Emotion aus, Politikersprache. Distanzlos. Eklig.

SPD und CDU bilden gemeinsam die Regierung.

Gewiss. Und weiter? Bei diesem Satz vibriert nichts, er klingt so antörnend wie eine Staumeldung im Verkehrsfunk. Außerdem gibt es einen störenden Nebensinn. Nehmen wir an, die Regierung sei gänzlich kenntnislos, hinter den Bergen aber lebten zwei kluge Mädchen, »CDU« und »SPD« genannt, die durch den dunklen Wald zur Regierung gehen und sagen, du dumme Regierung, komm her, wir bilden dich ... na ja.

Die Großen machen's nun also gemeinsam.

Ich muss mich gleich übergeben. Dieses Pseudoflotte, leicht Schlüpfrige, pfui Spinne. Das Semikolon ist übrigens der Monegasse der Sprache, weil es selten vorkommt. Ja, genau – warum nicht mit einer These beginnen? In medias res, wie Adorno sagen würde?

Die große Koalition denkt klein; groß ist sie schließlich selber.

Hat was. Nur das Semikolon steht allzu prätentiös da.

Außerdem wirkt das Spiel mit »groß« und »klein« billig, CDU und SPD können nichts dafür, dass man ihre Zusammenarbeit »groß« nennt, *no jokes on names*. Oder ich frage ganz einfach: CDU und SPD, was nun? Dies wäre eine Anspielung auf »Kleiner Mann, was nun«, Sozialkritik, Fallada. Passt von der Assoziation her recht gut, schade nur, dass es seit etwa 1960 total unoriginell klingt.

Dies alles schreibe ich, damit Sie sehen, wie schwierig es schon am Anfang oft ist.

# Über Alice Schwarzer

Zur sexuellen Revolution und ihren Folgen für den Verbraucher nur kurz dieses: Im Antiquariat der Leipziger Buchmesse wurden, erwartungsgemäß, zahlreiche alte Bücher verkauft. Inmitten der schweinsledernen Pretiosen, Trouvaillen und Petitessen aus dem 17. bis 19. Jahrhundert fiel ein abgegriffenes Taschenbuch relativ neuer Bauart auf, welches in diese Umgebung nicht hineinpasste. Es handelte sich um das *Sex-Buch*. Das Sexbuch des Sexexperten Günter Amendt kam in den späten siebziger Jahren heraus, es war eine damals extrem freizügige Aufklärungsschrift für Jugendliche und gehörte, gemeinsam mit Amendts ähnlich ausgerichtetem Buch *Sexfront*, zur Standardausrüstung fortschrittlich denkender BRD-Haushalte. Aus Neugierde schaute ich nach dem Preis. Er belief sich auf 280 Euro. Ich dachte, ich spinne.

Der Antiquar näherte sich. Er sagte: »Dieses Exemplar hat Günter Amendt der Feministin Alice Schwarzer gewidmet, und sie hat es mit, ähem, privaten Anmerkungen versehen.« Tatsächlich stand auf Seite eins, mit Kugelschreiber: »Für Alice. Ich bin sehr gespannt, was Du zu diesem Buch sagst, ehrlich ...!« Wirklich war das Sex-Buch verschwenderisch mit Anmerkungen ausgestattet, zum Beispiel: »A. betrachtet Sex ziemlich technisch.« Meistens aber hatte die Leserin die ausschweifenden Orgasmustheorien von Amendt am Seitenrand entweder mit dem knappen Wort »Gut!« oder mit »Stuss!« gekennzeichnet, beides etwa im Verhältnis halbe-halbe. Hin und wieder nur tauchte die Formulierung »Sehr gut!« auf, ebenso sparsam scheint die prominente Frauenrechtlerin sympatischerweise mit der Formulierung »Totaler Stuss!« umzugehen.

Ich sagte: »Da wird der Günter aber sauer sein, dass die Alice sein Sexbuch weggegeben hat.« Der Antiquar antwortete: »Nach dreißig Jahren? Is' doch normal.« Kurz dachte ich daran, das Buch zu kaufen, womöglich als Dauerleihgabe für das Sexmuseum am Bahnhof Zoo. Andererseits hätte die Buchbesitzerin auch eine andere Alice sein können, etwa die Tänzerin Alice Kessler. Ich dachte, dass dies eine Geldvermehrungsmethode der Leipziger Antiquare sein könnte. Wie leicht könnte auch ich eines meiner Werke mit der Widmung »Für Angela« versehen, dann schreibe ich an den Rand »M. betrachtet Kolumnen ziemlich technisch« und lasse das Ganze, völlig legal, für 280 Euro im Antiquariat feilbieten.

Im Hotel wollte ich, um das Thema zu wechseln, den Fernseher einschalten. Es war ein extrem edles Hotel. Neben dem Fernseher wies ein geschmackvolles Pappschild darauf hin, dass auf Kanal 13 gegen Bezahlung »hochwertige Vollerotik« zu sehen sei. Ich fand es rührend, das brave Heizdeckenverkäuferwort »hochwertig«, dreißig Jahre nach dem *Sex-Buch*, in solchen Zusammenhängen verwendet zu sehen und dass sich die Hotelleute die kulturelle Mühe gegeben hatten, »Hardcore« ins Deutsche zu übertragen. Sprachkolumnenschreiber und Anglizismengeißler, reist nach Leipzig, schaut euch im Hotel hochwertige deutsche Vollerotik an. Wenn die Darsteller den Höhepunkt erreichen, rufen sie wahrscheinlich: »Blüh im Glanze dieses Glückes!«

# Über Altachtundsechziger

Der alte, schwarze Kater, den ich vor einiger Zeit von meiner verstorbenen Alt-68er-Tante geerbt habe, ist irgendwie gestört. Als sie jung war, hat meine Tante ähnlich gut ausgesehen wie Uschi Obermaier. Sie besaß ein erweitertes Bewusstsein und die Platten von Bob Dylan, sie rauchte bewusstseinserweiternde Dinge und trug Blumen im Haar. Dies alles hat den Kater nicht davor bewahrt, gestört zu werden. Purple Haze is in his brain.

Der Kater kann nur schlafen, wenn sein Schlafplatz der höchste Punkt im Raum ist und wenn er seinen Blick von oben über die Wohnung schweifen lassen kann wie der König der Löwen auf seinem Felsen. Wenn er nicht am höchsten Punkt des Raumes liegen kann, wandert er die ganze Nacht heiser schreiend und mit glühenden Augen umher wie Behemoth. Ich nehme an, er fühlt sich nur ganz weit oben sicher vor den anderen, jüngeren Katern. Ich kenne dieses Gefühl. Oder es hat gesellschaftliche Ursachen.

Wir haben ihm überall in der Wohnung Katzenkörbe mit Polsterung angeboten, er aber hat sie auf seine gestörte Weise verschmäht und wollte in das Wohnzimmer, wo das Bücherregal steht.

Der Kater ist auf die Stereoanlage gesprungen, die sich

neben dem Bücherregal befindet, und dann, um in den alten Gelenken warm zu werden, einige Male auf ein niedrig gelegenes Regalbrett und wieder zurück, schließlich mit einem großen Satz ganz oben auf das Regal. Aber er hat das Regal nur mit seinen Vorderpfoten erreicht, und sein dürrer, schlaffer Altherren-Hinterleib pendelte frustriert in der Luft. Daraufhin hat der Kater seine Technik verändert; er ist jetzt von der Stereoanlage, die inzwischen stark verkratzt ist, schräg an die Wand gesprungen, von der Wand hat er sich mit allen vier Pfoten abgedrückt, und so ist er relativ easy auf das Regal gekommen. Der Sprung sieht spektakulär aus. An der Wand hängt jetzt die Tapete in Fetzen herunter, und die Wand hat Dellen. Das kann ich nicht hinnehmen. Ich habe die Stereoanlage und den Stereoschrank in die Mitte des Wohnzimmers gerückt, damit der Kater sie nicht mehr als Absprungrampe benutzen kann.

Daraufhin hat der Kater in der Wohngemeinschaft die Machtfrage gestellt und die ganze Nacht pausenlos geschrien, weil seine Bedürfnisse nicht befriedigt werden.

Lenin sagte: Wer wen. Ich habe aus dem Keller die alte rostige Leiter geholt, jetzt hinkt der Kater mit knackenden Knochen über die Leiter auf das verdammte Regal, und die rostige Leiter steht Tag und Nacht im Wohnzimmer. An bürgerliches Wohnen ist in diesem Wohnzimmer nicht mehr zu denken. Im Badezimmer kann ich nicht mehr baden, weil das Katzenklo zu stark riecht. Mein Sohn macht es regelmäßig sauber, um Verantwortung zu lernen, aber irgendwas stimmt nicht mit dem Kot dieses Katers; ich kenne doch Katzen, dieser Kot aber riecht wie kein Kot, den ich je kannte. Der Kater hat ein Verdauungsproblem. Oder es ist ein Drogenproblem.

# Über das Alter

Ja, gut, ich habe ein bisschen Angst vor dem Alter. Vor einer bestimmten Sache habe ich besonders viel Angst. Ich möchte nicht gern eine Windel tragen. Obwohl, ich weiß ja gar nicht, wie es ist. An das Windeltragen als Säugling kann man sich in der Regel nicht mehr erinnern. Man würde aber nie auf die Idee kommen, dass für so einen Säugling das Windelwechseln eine demütigende Sache ist, im Gegenteil, man sagt, das ist ein Säugling, da gehört die Windel dazu wie das Katzenklo zur Katze. Beide, der Säugling und die Katze, werden trotzdem für süß gehalten.

Mich werden sie nicht für süß halten. Ich bin als Greis bestimmt sehr unangenehm.

Ich werde im Heim sitzen. Ich kann mir nicht vorstellen, dass mein Sohn mich zu sich nimmt. Er ist ein guter Sohn, aber er ist auch klug und mag es bequem, deswegen wird er es nicht tun. Ich werde im Heim sitzen und die Pfleger tyrannisieren. Ich werde ständig das Essen zurückgehen lassen, weil ich glaube, eine Stubenfliege hat sich auf den Teller gesetzt. Seit meiner Kindheit kann ich von einem Teller, auf dem eine Stubenfliege gesessen hat, nichts essen. Das ist ein Marotte von mir. Im Alter werden Marotten stärker. Die Pfleger werden irgendwann genug haben von meiner Marotte und mich zwingen, trotzdem den Fliegenbrei zu essen. Ein Pfleger hält den Kopf fest, der andere füllt Brei ein. Ich werde, während der Fliegenbrei mein Kinn hinabrinnt, rufen: »Ich war Kolumnist! Ich verlange Respekt!«, aber sie werden nur lachen. Ich werde rufen: »Ich habe Ludwig Erhard interviewt!«, bis die anderen Alten die Pfleger rufen, und die Pfleger schieben mich dann mit meinem Rollstuhl in die Besenkammer, damit die anderen in Ruhe fernsehen können. Die Pfleger werden sauer auf mich sein, weil ich sie dauernd auf Trab halte. Beim Windelwechseln werden sie mich unauffällig, aber fest in den Po zwicken, um es mir heimzuzahlen. Wenn ich dann jammere und zetere, werde ich kalt geduscht.

Einmal im Monat kommt mein Sohn. Seine Lebensgefährtin hasst mich, weil ich immer noch nicht gestorben bin und das gesamte Erbe für die Heimkosten draufgeht. Ansonsten ist das natürlich ein süßes Mädchen, und ich bin sehr froh für meinen Sohn. Er bringt mir eine Flasche meines Lieblingsweins mit. Ich weine vor Rührung. Nachdem er gegangen ist, nehmen mir die Pfleger die Flasche wieder weg und flößen mir lachend Fencheltee ein. Alle zwei Monate wird eine ehemalige Lebensgefährtin von mir aus der Toskana, der Uckermark oder von sonstwo anrufen, aber wegen der Beruhigungsmittel, die ich von den verfluchten Pflegern bekomme, werde ich Unsinn reden; ich werde fragen: »Regiert Ludwig Erhard immer noch bei euch in der Toskana?« Die Lebensgefährtinnen werden denken, der Arme ist völlig dement, und werden nicht mehr anrufen, stattdessen schicken sie Fencheltee, obwohl ich überhaupt nicht dement bin, nur sediert.

Klar, ich habe schon ein bisschen Angst vor dem Alter.

# Über Angela Merkel

Als ich klein war, wohnten wir am Bahnhof. Es war nicht direkt eine miese Gegend, aber fast.

Nachts hörte man die Züge, morgens lagen in den Hauseingängen unrasierte Männer, die man besser in Ruhe ließ. Am Wochenende ging mein Großvater mit mir zum Fußball. Man trug zu jeder Jahreszeit graue Mäntel und Hüte. Tausende von Männern mit Schlapphüten zogen wie eine Prozession den Berg hinter dem Bahnhof hinauf. Es gab wenige Fahnen, und es wurde noch nicht so viel getrunken, nicht vor dem Spiel.

Der Verein hat nie etwas Nennenswertes gewonnen. Er verlor alle entscheidenden Spiele, falls er überhaupt in ein entscheidendes Spiel hineinkam. Allerdings besaß der Verein eine extrem spezielle Anhängerschaft. Sobald der Schiedsrichter anpfiff, begann das gesamte Stadion, ohne eine einzige Ausnahme, verzweifelt zu brüllen, wie verdurstendes Vieh oder als ob man jedem Einzelnen ein glühendes Bügeleisen in die Hose gesteckt hätte. Mein Großvater warf seinen Hut auf den Boden und sprang wie ein Derwisch darauf herum; seine Augen wurden gelb, er hatte plötzlich ein Fell und Reißzähne, er packte seinen Nachbarn, würgte und schüttelte ihn, bis dem bewusstlosen

Nachbarn die Zigarette aus dem Mund fiel; er riss sich mit den Zähnen Fleischstücke aus der eigenen Schulter und spuckte sie auf den Platz, schwarze Galle lief aus seinen Augen, ich dachte, weia, er stirbt. Dabei war es bloß indirekter Freistoß.

Ich kann mich nicht erinnern, dass mein Großvater jemals eine einzige Entscheidung des Schiedsrichters akzeptabel gefunden hätte. Es war immer Betrug. Selbst bei einer Entscheidung zu unseren Gunsten war es irgendwie Betrug.

Die Mannschaft war schlecht wie nichts Gutes. Sie hatten keinen Stürmer mit Killerinstinkt, okay, kommt vor, aber bei diesen Stürmern reichte es ja nicht mal zum Mundraub- oder zum Heiratsschwindlerinstinkt. Im Mittelfeld irrten schwer atmende Herren mit Haarkranz umher. Angeblich hatten sie in der ersten Nachkriegszeit mit einem einbeinigen Torwart gespielt, Tony der Hecht. Tony der Hecht soll gar nicht übel gewesen sein. Seine Devise hieß: »Einbeinig ist leicht, einhändig ist manchmal schwierig.«

Die Mannschaft gewann hin und wieder, aber nur deshalb, weil sie vor dem Publikum Angst hatte. Sie dachten: »Wenn wir verlieren, werden wir gelyncht.« Folglich kämpften sie bis hart an den Rand der Bewusstlosigkeit. Wenn ein Spieler nach dem Abpfiff mit der Bahre weggetragen wurde, sagte mein Opa: »Der hat wenigstens Einsatz gezeigt.« Wenn ein Spieler noch mühsam stehen konnte, sagte er: »Das Schwein haben sie bestochen.« Wenn aber die Mannschaft gewann, durften die Spieler eine Woche lang an die Tür jeder beliebigen Jungfrau der Stadt klopfen.

So erlebte ich die Wirtschaftswunderepoche. Dann kam

Schröder. Mein Verein verblüffte die Fachwelt, indem er nach unzähligen gescheiterten Versuchen in die Bundesliga aufstieg, mehr noch, er wurde ehrenhalber in den Europapokal geschickt, Begründung: Seine Fans seien, ähnlich wie das Colosseum in Rom, eine Sehenswürdigkeit von europäischem Rang. Für meinen Verein, für Mainz 05, war die Ära Schröder eine geile Zeit, und unter Angela Merkel sind sie abgestiegen. Das mache ich ihr aber nicht zum Vorwurf.

# Über Anrufbeantworter

Trotz all dieser Probleme, die ich in der letzten Zeit hatte, möchte ich um Gottes willen nicht den Eindruck erwecken, ich sei verbittert. Ich bin nicht verbittert. Ich bin gut drauf. Sicher, im Detail könnte manches besser laufen. Als ich nach Hause kam, blinkte an dem neuen Telefon ein roter Knopf. Auf dem roten Knopf ist ein Briefkuvert abgebildet. Auf dem Display des neuen Telefons stand der Satz: »Sie haben neue Nachrichten.« Da dachte ich, aha, soso, der Anrufbeantworter. Jemand möchte Kontakt mit mir aufnehmen, mit mir kommunizieren. Ich habe den roten Knopf gedrückt.

Bei meinem alten Telefon wurden, wenn man auf den roten Knopf drückte, die neuen Nachrichten vorgespielt. Hier aber leuchteten stattdessen zwei Botschaften auf dem Display auf, nämlich »Neue Nachr.: $1/2$« sowie das Wort »Pause«. Ich dachte, aha, soso, sehr wahrscheinlich habe ich zwei neue Nachrichten. Jetzt fragt mich das Telefon, ob ich lieber die erste oder lieber die zweite der beiden neuen Nachrichten hören oder ob ich lieber eine Pause machen möchte. Ich dachte, jemand, der nach Hause kommt, möchte doch mit 99,9-prozentiger Wahrscheinlichkeit ohne weitere Umschweife hintereinander seine neuen Nachrichten hören, zack, zack, und nicht, nachdem er erfahren hat, dass es zwei Nachrichten gibt, erst einmal eine Auszeit nehmen, um diese Information geistig zu verarbeiten. Die Leute, die dieses Telefon gebaut haben, wissen wenig über die menschliche Psychologie. Ich habe den Knopf »Weiter« gedrückt.

Daraufhin bot mir das Telefon die folgenden Möglichkeiten an: »Weiter hören«, »Akt. Nachr. löschen«, »Nummer wählen«, »Kurzwahlliste«, »Wiederholen«, »Alte Nachr. löschen«, »Anzeigen«, »Auf ›neu‹ setzen«, »Nr. ins Tel. buch«, »Geschwindigkeit« und »Beenden«. Ich dachte, dieses Telefon ist ja eine Metapher auf die Kapitalismuskritik. Auswahl gibt es, gewiss, nur das, was der Mensch wirklich braucht, ist nicht dabei, nämlich: »Dir endlich deine neuen Nachrichten vorspielen, Brüderchen«. Ich habe »Weiter hören« gewählt.

Der Anrufbeantworter spielte Nachricht Nummer zwei vor. Das hat mir nicht genügt. In der Hoffnung, die erste Nachricht zu erfahren, habe ich nochmals den Knopf »Weiter« gedrückt. Jetzt erschienen auf dem Display fünf kleine Bildchen, es waren eine Musiknote, eine Aktentasche, eine Uhr, ein Schraubenschlüssel und eine Art Fernseher. Nichts davon, finde ich, weckt auch nur im Entferntesten die Assoziation »Dir endlich deine Nachrichten vorspielen«. Also wählte ich, aus Neugierde, den Fernseher.

Jetzt erschienen, potz Blitz, die Formulierungen »Anrufbeantwort.« und »Anruferliste« auf dem Display. Klar, ich habe »Anrufbeantwort.« gedrückt. Das Telefon spielte nun aber keineswegs Nachricht Nummer eins ab, sondern bot wieder vier Möglichkeiten an: »Nachrichten«, »Infos«, »Ansagen« und »AB Ausschalten?«. Ich wählte »Nachrichten«, worauf das Telefon zwei Möglichkeiten anbot: »Neue Nachrichten« und »Alle Nachrichten«. Da dachte ich, fuck you, you phone of a bitch. Ich habe die *Tagesschau* gekuckt. Da kommen auch Nachrichten.

Vielleicht sollte ich erwähnen, dass es ein Telefon von Siemens ist. Nein, verbittert bin ich überhaupt nicht.

# Über Aphrodisiaka

Wenn Sie mich vor zehn Jahren nach Bärlauch gefragt hätten, dann hätte ich wahrscheinlich darauf getippt, dass es sich um den Namen eines Bundestagsabgeordneten handelt. Dr. Rainer Bärlauch, Steuerexperte. Oder vielleicht ein Künstler, Wenzel Bärlauch aus Regensburg, Madonnenmaler, 14. Jahrhundert.

Nach meiner Beobachtung hat der Aufstieg des Bärlauchs etwa parallel zu der Wiederentdeckung der altdeutschen Vornamen stattgefunden. Seit Knaben wieder »Ludwig« oder »Johannes« heißen, ist man verstärkt Bärlauch. Eine Taufgesellschaft, die sich um die Krippe einer neugeborenen Josepha oder Berta schart, wäre ohne das dezent dazu gereichte Bärlauchsüppchen stilistisch nur halb gelungen. Der Satz »Tradition ist zur Zeit topmodern« klingt wie die Meinungsäußerung eines Schizophrenen; ich weiß, aber die Verhältnisse sind eben so. Bärlauch hat dieses Omahaft-Altdeutsch-Bodenständige, den Manufactum-Touch, und schmeckt gleichzeitig nach Knoblauch. Knoblauch aber war und ist nicht nur das Hassgemüse der Vampire, sondern auch der Nazis. Wenn ich nicht irre, wurden oder werden Fremdartige in diesem Milieu pauschal als »Knoblauchfresser« bezeichnet. Als in den sechziger Jahren unsere Eltern das Ausländischessen und damit den Wohlgeschmack des Knoblauchs kennenlernten, bedeutete dies einen wichtigen Schritt bei der Entnazifizierung der Geschmackssinne. Der Knoblauch ist geborener Antifaschist. Ein altdeutsches, bereits von den Germanen geschätztes Lebensmittel, welches nach Knoblauch schmeckt, verkörpert also auf perfekte Weise die neuerdings stärker werdende Sehnsucht nach einem wohligen, gleichwohl politisch unverdächtigen Versinken in der Vergangenheit.

Ich gehe ins Restaurant. Ich lese die Speisekarte. Deutschland lebt eindeutig im Zeitalter des Bärlauchs. Wir schwimmen durch geistige Bärlauchmeere. Bärlauchpesto. Bärlauchpizza. Bärlaucheis. Bärlauch à gogo mit James Last. Bald öffnen die ersten Bärlauchbars, dort lauchen wir einander bär, bis der Arzt kommt. Der große Verlierer heißt Rucola. Man denkt heute, Rucola, so heißt sicher »Ruck« auf Italienisch, die historische Rucolarede von Romano Herzog, aber in Wirklichkeit trug einst der deutsche Trendsalat Nummer eins diesen Namen. Oder Prosecco! Junge Menschen wissen oft gar nicht mehr, dass vor einigen Jahren der Inbegriff des modernen Lebens Prosecco hieß; das ist so eine Art Sektersatz für Mädchen. Ein damaliger Bestseller trug den Titel »Frauen, die Prosecco trinken«. Heute heißen Bestseller natürlich »Und Berta ging zum Bärlauchbauern« oder »Die Bärlauchblödigkeit«. Und mit Prosecco werden, falls ich richtig informiert bin, in Brandenburg die Spargelfelder gewässert.

Bärlauchblödigkeit besteht darin, dass man Bärlauch mit dem nahezu identisch aussehenden, gleichzeitig an den gleichen Stellen wachsenden Maiglöckchen verwechselt, welches giftig ist und dir die Birne wegbläst, bis du nicht mehr weißt, ob du Germane oder Indianer bist. Die Germanen haben sich diesem Risiko nur deshalb ausgesetzt, weil Bärlauch bei ihnen als das ultimative Aphrodisiakum galt. Merke: Wie der Bärlauch eines Mannes, so sein Johannes.

# Über Beruf und Karriere

Als ich nach Berlin zog, war ich ein junger Mann aus dem Süden. Ich war wie lauwarmer Samt. Ich sagte: »Bitte sehr, danke sehr.« Ich glaubte an die Macht der Güte, ich lächelte in der Bahn mein Gegenüber an und trank Apfelschorle. Heute bin ich wie kalter Beton. Ich sage: »Verpisst euch doch alle.« Ich glaube an die Macht der Gemeinheit. Mein Gegenüber in der Bahn könnte ich erwürgen. Ich bin ein Berliner. Meine Trinkgewohnheiten gehen Sie einen Dreck an.

Einmal hatte ich ein Jobangebot. Es wäre ein super Job gewesen. Aber ich ziehe aus Berlin nicht weg. Ich bin nicht flexibel. Lieber bin ich der Depp von Berlin als der König der Könige von Mährisch-Ostrau. Ich liebe diese Stadt, der Himmel sei mein Zeuge. Ich liebe ihre Versifftheit. Ich knie nieder vor dem schlichten Humor ihrer übergriffigen Bewohner, ich neige mein Haupt vor ihren Bausünden, ich küsse die Füße ihrer korrupten Elite, ich werfe mich in den Staub vor ihren Drogen- und Etatproblemen und flechte Kränze für die Habgier ihrer Finanzämter. Dennoch habe ich eine kritische Anmerkung.

Wenn du in Berlin etwas kaufen willst, verlangen sie immer, dass du das Geld genau passend auf den Ladentisch legst. Es ist eine Berliner Spezialität. Ich habe jahrelang in anderen Städten darauf geachtet, deswegen weiß ich es. In anderen Städten denkt man als Händler ungefähr so: »Ich bin, von Geburt, aus Neigung oder aus Zufall, ein Händler. Ich verkaufe, das heißt, ich tausche Waren gegen Geld. Folglich besitze ich Wechselgeld. Ein Händler ohne Wechselgeld, das wäre wie ein Polizist ohne Mütze.« Der Berliner Händler denkt etwa so: »Ich bin der Herrscher der Welt. Wer meinen Laden betritt, der möge mir huldigen. Ob ich dieser Person am Ende die gewünschten Waren aushändige, das wollen wir erst einmal sehen.«

Ich habe Verständnis dafür, dass derjenige scheele Blicke erntet, der ein Hörnchen für einen Euro zwanzig mit einem Fünfhundert-Euro-Schein bezahlt. In Berlin aber wird es häufig schon als ungehörig empfunden, wenn du eine Zwölf-Euro-Rechnung mit einem Zwanziger begleichst. Und es wird immer extremer. Das Hörnchen, von dem gerade eben die Rede war, wollte ich mit einem Fünf-Euro-Schein bezahlen. Der Händler sagte: »Hamses nich kleiner?« Er ist, mit allen Anzeichen der Unlust, zum Wechseln ins Nachbargeschäft gegangen.

Wenn du aber, um die Berliner Wechselgeldkrise zu lindern, eine Ware mit einer Hand voll Kleingeld bezahlen möchtest, zum Beispiel das Hörnchen mit lauter Fünf-, Zehn- und Zwanzig-Cent-Stücken, dann geschieht das Münzwunder von Berlin. Der Händler sagt: »Bleimse mir weg mit das Kleingeld.« Er zieht seine Schublade auf und zeigt, dass sie beinahe platzt vor Scheinen und Münzen aller Art. Nur dann! Sonst nie!

Mir sind zahlreiche Einkäufe in Berlin abgelehnt worden, weil ich gerade vom Bankautomaten kam und nur

Fünfzigerscheine hatte. Es heißt: Berlin sei arm. Man könnte den Umsatz des Einzelhandels und damit die Steuereinnahmen der Stadt beträchtlich erhöhen, wenn es nur Wechselgeld gäbe für all die potentiellen Kunden. Deswegen stehe ich, bei aller Liebe, den Forderungen meiner Stadt auf erhöhte finanzielle Zuwendungen des Bundes ablehnend gegenüber. Als Maßnahme zur Soforthilfe würde es genügen, aus dem Saarland, aus Bremen und aus Rheinland-Pfalz einige Dutzend Geldwechsler nach Berlin zu schicken.

# Über Buddhismus

Die Redakteure machten eine Serie über Religionen. Sie wollten, dass ihre Religionsserie nicht zu religiös wird. Also riefen sie bei mir an. Ob ich zu jeder Religion eine Kritik verfassen könne. An jeder Religion gebe es ja wohl irgendwas auszusetzen, sagten die Redakteure, und ich, mit meinem Scharfsinn, sollte die Schwachstelle finden. Ich dachte, ultraschwierig wird es mit dem Judentum, weil alles, was man da kritisieren könnte, auch von den Antisemiten gesagt wird. Da habe ich in dem Juden-Artikel halt einfach geschrieben: »Es ist schwierig, etwas zu sagen, denn alles, was man am Judentum kritisieren könnte, wird auch von den Antisemiten gesagt.« Schon ging es. Ehrlichkeit ist beim Schreiben oft die halbe Miete.

Als Letztes kam der Buddhismus an die Reihe. Also habe ich über den Buddhismus einiges gelesen. Der Buddhismus gefiel mir am besten von allen Religionen. Normalerweise findest du bei einer Religion zumindest Frauenfeindlichkeit; Frauen gehen als Vorwurf immer, aber nicht mal damit konnte man den Buddhisten kommen. Ich dachte, wenn ich Meditieren nicht so langweilig finden würde, dann wäre der Buddhismus mein Ding. Ich wollte in der Redaktion anrufen und sagen, Buddhismuskritik fällt aus wegen Bekehrung. Aber ich bin Profi. Ich habe den Buddhisten also auf halbherzig-vorsichtige Weise Schluritum und mangelnden Ehrgeiz vorgeworfen, was in meinen Augen natürlich gar kein Vorwurf ist. Im Grunde war die Kritik eine versteckte Hymne auf den Buddhismus.

Daraufhin brach ein Sturm der Entrüstung los. Meine Mailbox explodierte vor empörten Buddhistenmails. Buddhisten seien tatkräftig, geld-, leistungs- und karriereorientiert wie sonst kaum einer. Das wisse außer mir jeder. Buddhisten riefen bei mir zu Hause an und beschimpften mich mit Wörtern aus der untersten Schublade. Die Buddhisten waren in einer Weise aggressiv, wie ich das eher von den Muslimen erwartet hatte. Die Muslime aber waren, nach meinem kritischen Text, total friedlich geblieben. Ich dachte, holla, diese Buddhisten sind keine Kritik gewöhnt, die werden seit Jahren immer nur gepampert von allen, so was ist dann das Ergebnis. Ich dachte, Leute mit persönlichen Problemen und bösartigen *Vibes* sind möglicherweise besonders anfällig für die Parolen des Buddhismus; ich selber wäre ja auch fast beigetreten. Ein Wunder, dass es keine buddhistischen Terrorgruppen gibt. Kommt vielleicht noch.

Heute würde ich einem blinden Freund den Buddhismus so beschreiben: sehr zu empfehlen für alle, denen der Islam zu locker ist. Aber wenn ich diese Meinung aus Versehen öffentlich mache, werden sich vor dem Büro orange gekleidete, glatzköpfige Mönche versammeln und in monotonen Gesängen meine Entlassung fordern, oder sie werden Karma und Zen auf mich hetzen, ihre beiden Kampfhunde. Deshalb erkläre ich hiermit an Eides statt, dass ich den Buddhismus für die einzige makellose Weltanschauung halte. Unser Buddha, er lebe hoch!

# Über Christentum und Islam

Dauernd schreibe ich über Frauen. Das ist wie eine Besessenheit. Ich will mit dem Frauenthema irgendwie abschließen. Ich will nicht mehr so viel in diese Richtung schreiben.

Aus Anlass des Papstbesuches erzähle ich, wie ich beinahe Muslim geworden wäre. Als meine Eltern sich kennenlernten, durchlebte meine Mutter eine Phase glühender Religiosität. Sie sagte: »Der Mann, der mich freit, muss den Papst ehren. Mit einem Ketzer werde ich das Lager niemals teilen.« Mein Vater war in religiösen Dingen vollkommen indifferent. Ich glaube nicht, dass er auf Befragen spontan gewusst hätte, welcher Konfession er angehört. Er besuchte also achselzuckend den Religionsunterricht, trat achselzuckend zum Katholizismus über und unterschrieb achselzuckend, dass etwaige Kinder katholisch erzogen werden. Wenn sie verlangt hätte, dass er Muslim wird, hätte er dies ohne Zweifel ebenfalls getan, weil das, woran man eh nur zum Schein glaubt, letzten Endes egal ist ich aber wäre heute Harald-al-Raschid, genannt das schreibende Schwert, Chefkommentator bei Al-Dschasira.

Wie den meisten ehemals kritischen Geistern ist auch mir der Katholizismus in den letzten Jahren wieder sympathischer geworden. Wenn alles sich dauernd ändert und keiner mehr Prinzipien hat, erscheinen einem Beharrlichkeit und Tradition automatisch attraktiv. In meiner Kindheit repräsentierte die Kirche Macht, heute repräsentiert sie Ohnmacht. Die Kirche kann das Verbot der Masturbation und der Empfängnisverhütung und all das andere kuriose Zeug nicht mehr durchsetzen, das macht sie sympathisch wie einen Fußballverein, der tolle Fans hat, aber häufig verliert, etwa den FC St. Pauli.

Die Kirche ist Pop. Sie singt ein Lied, dem man hin und wieder gern zuhört. Mehr nicht. Ein echtes Zurück zum Glauben aber kann es aus dem gleichen Grund nicht geben, aus dem man die Zahnpasta nicht zurück in die Tube bekommt.

Bizarr finde ich in diesem Zusammenhang eine geistige Strömung, für die ich das Wort »Feuilletonkatholizismus« gelesen habe. Das sind Kollegen, die sich im Beruf zum Glauben bekennen, obwohl sie privat nicht im Traum daran denken, sich wenigstens an einige der zehn Gebote zu halten. Schon an der Nächstenliebe scheitern die meisten. Noch bizarrer finde ich schwule Katholiken. Da könnte man genauso gut als Alkoholiker zum Islam übertreten und darauf hoffen, dass der Ajatollah eines Tages seine Politik ändert und einem wenigstens den Grappa erlaubt.

Irgendwann in meiner Kindheit muss sich ungefähr die folgende Szene abgespielt haben: Mein Vater faltete, wie jeden Abend, die Hände zum Tischgebet. Meine Mutter blickte auf und sagte scharf, dass sie sich diesen Aberglauben in Zukunft verbitte, sie habe nämlich erkannt, dass der Papst ein Scharlatan sei, die einzige richtige Lehre und Weltsicht vertrete die SPD, und zwar ihr linker Flügel. Mein

Vater zuckte mit den Achseln und war von diesem Tag an Sozialdemokrat. Ich wurde sozialdemokratisch erzogen und dachte, nach dem Tod kommen die bösen Menschen zu Konrad Adenauer, die guten kommen zu Willy Brandt. Wie ich von diesem Glauben abgefallen bin, ist wieder eine andere Geschichte.

# Über die Ehe

In letzter Zeit habe ich sehr oft Artikel zur Frauenfrage in der Zeitung gefunden. Die Frauenfrage besteht im Kern darin, dass die Frauen mit der gesellschaftlichen Rollenverteilung unzufrieden sind. Offenbar findet dazu im Augenblick eine Debatte statt. Ich möchte zu dieser Debatte etwas Überraschendes beitragen. Ich möchte über die Männerfrage schreiben.

Wenn ich mir die Liste der Generaldirektoren und Chefredakteure und das Durchschnittsverdienst und die Vereinbarkeit von Kindern mit Beruf anschaue, denke ich immer, arme Frauen. Dann schaue ich mir Paare an, die lange zusammenleben. Mir ist aufgefallen, dass in den sehr lange bestehenden Partnerschaften fast immer die Frauen das dominierende Element sind. Siebzig- oder achtzigjährige Ehemänner befinden sich häufig in einem mentalen Zustand, der sich mit einem ausgeglühten Restbauernhof in der Mark Brandenburg vergleichen lässt.

Sie müssen immer fragen, was sie anziehen sollen und welche Schuhe dazu passen. Die Frauen reden, sie schweigen. Die Frauen geben Anweisungen, die Männer führen es aus.

In einer Gesprächssituation wiederholen ältere Männer

häufig das, was ihre Frau gerade eben gesagt hat, zum Teil wörtlich, und merken es nicht. Sie haben als selbstständige Person aufgehört zu existieren, sie sind wie Babys oder wie Weinbergschnecken.

Die Frauen sagen: »Trink nicht so viel, das ist nicht gut für dich. Iss gesunde Dinge. Nimm dies.« Die Männer tun es. Die Frauen sagen: »Du könntest mal wieder spazieren gehen, das ist gut für dich. Danach geh zum Friseur. Lass dich von Yvonne schneiden, nicht von Petra.« Die Männer tun es. Es ist aber nicht gut für sie. Es ist fürsorgliche Belagerung. Ich denke immer: Gleich nehmen die Frauen ihre Männer auf den Schoß und klopfen ihnen auf den Rücken, damit sie Bäuerchen machen.

Ich habe Angst vor der Zukunft. Ich bin weich. Ich gebe nach. Ich bin gefährdet. Jemand wird kommen und sagen: »Schreib eine Kolumne über die Frauenfrage, schreib mit dem weiblichen Blick«, und ich werde es tun. Das alles hängt sicher mit der Urzeit zusammen, mit dem Matriarchat. Meine Vorfahren haben draußen gejagt, sie waren Generaldirektoren und Chefredakteure, was das Mammut und die Bärenjagd betrifft. Drinnen in der Höhle aber hatten sie nichts zu sagen. In der Höhle regierte *Big Mama*.

Die gesellschaftliche Macht der Männer ist eine unbestreitbare Tatsache. Die Macht der Frauen innerhalb der Ehe oder in der Partnerschaft oder wie auch immer es heute heißt, ist dagegen ein Tabu. Fast niemand spricht darüber. Den Männern ist es peinlich, oder sie haben bereits ein so reduziertes Artikulationsvermögen, dass sie nur darüber sprechen könnten, wenn ihre Frau es ihnen Wort für Wort vorsagt, wenn sie ihm vorspricht: »Ich, Anton Müller, werde von meiner Frau sehr stark dominiert und kann mir nicht einmal mehr selbstständig eine Krawatte oder ein Mittagessen aussuchen, und wenn meine Frau sagt, komm, Anton, wir ziehen um nach Duisburg, mir ist heute nach Umziehen, dann mach ich das.«

Diese Sätze wird ihre Frau ihnen aber niemals vorsprechen.

## Über Eitelkeit

Ich, also das Wort »ich«, ist im deutschen Journalismus angeblich von der Zeitschrift *Tempo* eingeführt worden. Vor einiger Zeit ist die Zeitschrift *Tempo*, die es längst nicht mehr gibt, noch mal erschienen, in Form eines einmaligen Comebacks, ähnlich wie bei Henry Maske. Das Comebackheft wurde fast überall verrissen, meistens mit dem Argument, dass die *Tempo*-Leute immer nur an sich selbst denken.

Ich, ich, ich.

Ich finde, wenn man einem Journalisten Eitelkeit vorwirft, ist das politisch fast so schlimm, wie wenn man einem dunkelhäutigen Menschen seine Hautfarbe vorwirft oder einem Homosexuellen die Homosexualität.

Das hat er sich doch nicht ausgesucht. So ist der Journalist doch geboren worden.

Ich weiß, warum das Heft, das eigentlich ganz okay war, verrissen wurde. In dem *Tempo*-Heft schrieben viele berühmte Journalisten. Sie hatten lauter Gastautoren eingeladen, die sie gut finden. Jeder, der eine Kritik zu dem Comebackheft zu schreiben hatte, wusste genau, dass die Leute bei *Tempo* IHN nicht so supergut finden, denn sonst wäre ER ja als Gastautor um einen Beitrag zu dem Heft gebeten worden. Da hat er ihnen aus verletzter Eitelkeit Eitelkeit vorgeworfen.

Ich hatte mich, in den achtziger Jahren, um eine Stelle bei *Tempo* beworben. In der Anzeige stand, dass sie ausgeprägte Persönlichkeiten mit reichlich Individualität suchen; das hat mich angesprochen. In dem Büro von Chefredakteur Markus Peichl habe ich gegenüber von Markus Peichl gesessen, der mir die Frage stellte: »Was würden Sie an meiner Stelle an *Tempo* besser machen?« Ich habe geantwortet: »*Tempo* ist eigentlich okay.« Das wollte er damals aber nicht hören. Heute hört er es gerne. Dauernd kamen Leute ins Büro und kuckten mich an. Sie machten die Tür auf, stellten sich vor mir auf und kuckten, mindestens fünf verschiedene Personen. Ich trug, wie ich inzwischen weiß, unhippe Kleidung und war schüchtern wie ein Rehkitz. Die waren alle gestylt und von Schüchternheit keine Spur. Ich sagte: »Ich könnte *Tempo* für neue Käuferschichten interessant machen.« Das wollte er aber nicht. Mitten im Bewerbungsgespräch hat Markus Peichl angefangen, im *stern* zu blättern. Ich war stumm, er las schweigend im *stern*. Da hatte ich kein gutes Gefühl.

Ich bin überzeugt, dass es *Tempo* heute noch geben würde, wenn sie mich damals eingestellt hätten. Das merkt man ja an der *ZEIT*, deren Auflage unablässig steigt, seit ich dort schreibe. Markus Peichl hätte, wenigstens dieses einzige Mal, ausnahmsweise einmal nicht nur an sich denken müssen, sondern an mich. Ich tue das ständig!

# Über Familie

Ich bin tierlieb. Ich habe auch Tanten. In diesem Jahr ist eine Tante von mir gestorben. Das Erbe der Tante besteht aus einem steinalten, klepperdürren, pausenlos miauenden Kater, welcher den komplizierten Namen Miaurizio besitzt. Wir sind jetzt eine Alten-WG.

Ich hatte schon oft Katzen. Als Student, während andere ihre Jugend verschwendeten, habe ich Katzen gebürstet und Katzenklos gereinigt. Erwartungsgemäß hat seither die Katzenstreuindustrie Fortschritte gemacht, es gibt jetzt Katzenstreu, die extrem leicht ist, wie Popcorn. Man kann eine Monatsration locker mit dem kleinen Finger tragen, außerdem riecht moderne Katzenstreu nach Babypuder. Was ist überhaupt Weihnachtsstimmung?

Als das Kind Kind war, hatten wir immer einen Weihnachtsbaum und einen Weihnachtsstern. Jetzt ist das Kind fünfzehn und sagt, dass es auf einen Baum und Sterne keinen Wert legt. Das Kind sagt, dass es jahrelang nur den Eltern zuliebe so getan hat, als glaube es an den Weihnachtsmann. In Wirklichkeit ist das Kind schon mit zehn Jahren, ach was, mit acht mit dem Weihnachtsbrimborium innerlich durch gewesen und hat sich lediglich auf die Geschenke gefreut. Sagt es.

Ich als Jugendlicher habe Weihnachten für einen chronisch missglückenden Versuch gehalten, Harmonie herzustellen. In der Familie gab es, etwa um dreiundzwanzig Uhr, immer Streit. Bei meiner ersten Journalistenstelle, Lokalredaktion, sollte jeder in der Weihnachtsausgabe schreiben, was das Fest für ihn oder sie ganz persönlich bedeutet. Ich schrieb: »Für mich ganz persönlich bedeutet Weihnachten Streit um dreiundzwanzig Uhr.« Dies war der erste Artikel meines Lebens, der nicht gedruckt wurde.

Es ist für mich die schwierigste Zeit des Jahres. Ich hasse es, zu bestimmten Anlässen bestimmte Stimmungen produzieren zu müssen, also Besinnlichkeit zu Weihnachten, Partylaune zu Silvester und Frohsinn an Karneval. Zu allen drei Stimmungen bin ich in der Lage. Aber das ist so ein emotionaler Druck. Ich bekomme dann innere Blockaden. Man sollte das alles niedriger hängen, dann steigen die Erfolgschancen. Andererseits, wenn man es ignoriert, wenn man an Silvester einfach zu Hause bleibt, allein womöglich, oder wenn man an Heiligabend einfach in die Kneipe geht, was ich als Student einmal getan habe, ist man erst recht deprimiert. Man denkt, alle anderen schaffen es, die für diesen Tag rituell vorgesehene Stimmung hervorzubringen, bloß ich nicht, ich Monstrum.

Wenn die Kinder klein sind, erreichen im Ablauf des Lebens die weihnachtlichen Gefühle den Höhepunkt, und zwar bei den Erwachsenen. Ich habe eine völlig ironie- und skepsisfreie, wunderbar naive, einfach perfekte Weihnachtsstimmung auf das Kind projiziert, und das Kind warf, wie ein Spiegel, diese Stimmung auf mich zurück. Dabei sind, wie ich jetzt weiß, die Kinder selbst auch nicht immer in Weihnachtsstimmung!

Das Problem bei der neuen Katzenstreu aber besteht darin, dass sie an den Pfoten klebt. Die ganze Wohnung ist, wenn man nicht pausenlos saugt, voller Katzenstreu. Aber sie riecht nach Babypuder. Von Miaurizio kann man das nicht behaupten.

## Über Feminismus

Eine Redakteurin rief an und sagte: »Wir machen eine Sondernummer zum Comeback des Feminismus. Deswegen muss die Kolumne kürzer sein als üblich. Sie wirkt sonst zu phallisch, ha, ha.«

Ich verstehe diese Welt nicht. Frauen sind seit Jahren auf dem Vormarsch. Immer mehr Kanzlerinnen und Anchor-Women. Der Feminismus ist eine Revolution von oben. Jetzt sagen die Frauen: »Ja, es gab für uns Fortschritte. Aber es genügt nicht.« Wie in Russland 1917! Die Menschewiken wollten Russland friedlich reformieren, aber die Bolschewiken sagten: »Es genügt nicht.« Jetzt rufen die Frauen: »Quatsch! Männer dominieren Frauen noch immer!«

Aber ich doch nicht, Kindchen. Ich werde von den Frauen dominiert. Das gibt jeder zu, der meine Lebensverhältnisse kennt. Ich habe es mir außerdem nicht ausgesucht, ein Mann zu sein. Ich habe mich, anders als Günter Grass, nicht mit fünfzehn freiwillig gemeldet. Ich bin eingezogen worden. Die Frauen rufen: »Es geht nicht um dich privat. Es geht um die Verhältnisse, um gleiche Karrierechancen.« Der Beruf ist für Männer doch der einzige Bereich, in dem sie sich noch frei entfalten dürfen. Wenn es im Alltag mehr

Männerrechte gäbe, würden Männer das Interesse an Karriere weitgehend verlieren.

Ich fordere das Recht, jederzeit meine Lieblingsmusik hören zu dürfen. Ich fordere das Recht, anziehen zu dürfen, was ich möchte, auch wenn es unmöglich aussieht. Ich fordere das Recht, nicht krumm angekuckt zu werden, wenn ich ein Bier aus dem Kühlschrank hole. Ich fordere das Recht, das Fernsehprogramm mitzubestimmen. Ich fordere das Recht, nicht immer im Restaurant die Rechnung bezahlen und für jeden bizarren Stimmungswandel Verständnis haben zu müssen. Dann hätte auch ich an einer Karriere kein Interesse mehr.

Ich erkläre in aller Ruhe, wie es entstanden ist, okay? Männer sind aggressiver, weil sie Millionen von Jahren hindurch jagen mussten. Mein Gott, so ein Wildschwein kann man halt nicht durch weibliche Intuition erlegen. Die Steinzeitmänner wollten gar nicht jagen. Die hätten lieber gekocht. Männer sind bessere Köche, weil sie mutiger sind beim Würzen, den Mut haben sie auch wieder wegen der Jagd. Männer mussten jagen, weil Madame mit einem Säugling an der Brust schlecht jagen konnte.

Man muss all diese Dinge, wie bei Grass, aus der damaligen Zeit heraus verstehen. Weil sie fünf Millionen Jahre lang für die Frauen das Essen besorgt haben, sind Männer aggressiver, dies kommt ihnen bei der Karriere zugute, es wird ihnen aber zum Vorwurf gemacht.

Dann ist die Redakteurin gekommen und hat mir das beste Stück von meiner Kolumne abgeschnitten.

# Über Friedrich Schiller

Von Schiller habe ich *Die Räuber* gelesen. Und den *Wallenstein*. Moment, habe ich den *Wallenstein* überhaupt gelesen? Ich weiß es nicht mehr. In der Schule womöglich.

Schiller ist in meinem Leben nicht wichtig. Er ist bestimmt sehr gut, auf seine Weise, aber unwichtig für mich, jedenfalls jetzt, in dieser Lebensphase. Vielleicht wachse ich in das Schiller-Alter noch hinein, man lebt heutzutage ja, bis einem die Haare aus den Ohren bis zum Fußboden runtergewachsen sind. Da klettern dann die Bazillen vom Fußboden die Ohrhaare hoch, krabbeln durch das Ohr in den Unterkopf hinein, von dort ins Gehirn, und so stirbt man dann.

Patricia Highsmith: immer. Murakami: zeitweise. Richard Yates: *Zeiten des Aufruhrs*. In meinen Augen ist Yates besser als Schiller. Aber ich kenne Schiller ja kaum.

Ich habe im Schiller-Jahr keine einzige Zeile über Schiller gelesen. Im Fernsehen mussten die Sprecher bloß »Schi« sagen, schon habe ich weggezappt. *Zero tolerance.* Warum soll ich mich für jemanden interessieren, aus dem einzigen Grund, dass er einen runden Todestag oder sonst ein Jubiläum hat? Das ist doch idiotisch. Ich lasse mir doch nicht vom Zufall des Kalenders vorschreiben, für wen ich mich zu interessieren habe und wer relevant ist. Ich bin kein Schimpanse. Und wenn Schiller zufällig ein Jahr früher gestorben wäre, was dann?

Hölderlin ist doch auch tot und wichtig. Wieso nicht Hölderlin?

Ich bin ein Fan von Fassbinder. Aber als alle über Fassbinder geschrieben haben, hundertster Geburtstag oder was weiß ich, da habe ich, aus Selbstachtung, stattdessen in aller Öffentlichkeit einen Essay über Fellini gelesen.

Und wenn sie morgen bestimmen, dass wir nicht mehr die runden Jubiläen feiern, sondern den Namenstag oder den Tag des ersten Beischlafs, was dann? Was dann?

Als ich meiner Agentin sagte, dass ich keine einzige Zeile über Schiller gelesen habe, antwortete sie: »Mir hat dazu die Kraft gefehlt.« Der Wille war da. Die Kraft fehlte. Ich verstehe das. Es ist totalitär. Alle, alle, alle. Es ist ein Sog. Jeder denkt, die anderen tun es, also musst du es auch tun. Millionen marschieren in grauen Uniformen und rufen: »Schiller! Fassbinder!« Wie in *1984*.

Nachrufe – na gut. Wenn ich sterbe und die *ZEIT* bringt nichts, werde ich aus der Hölle als Zombie zurückkehren, um die Redaktionskonferenz aufzumischen. Aber die Leiche ist noch warm, da bringen sie heutzutage in der Zeitung schon den Artikel zum zehnten Todestag. Jeder will der Erste sein, der den hundertsten Geburtstag von Durs Grünbein bringt, dabei ist der noch nicht mal fünfzig, oder? In meinem Testament steht ein Passus. Wenn ich in den mir verbleibenden Jahren doch noch so wichtig wie Schiller werden sollte, ist es trotzdem verboten, zu meinen runden Todestagen Artikel zu bringen. Das wird von dem gefürchteten Medienanwalt Jonny Eisenberg und seinen dänischen Doggen überwacht.

Heinrich-Heine-Terror. Mao-Zedong-Faschismus. Mozart-Wahnsinn. Jubiläen kommen regelmäßig immer wieder, obwohl man es nicht will. Jubiläen sind wie Herpes.

# Über Friseurbesuche

Es war heiß. Ich war beim Friseur.

Die Friseurin sagte, hach, was für schönes Haar Sie doch haben, ooooh, wie gut sich das kämmt, wie angenehm das riecht, menno, da kann man ja richtig drin wühlen. Ich schlug eine Zeitung auf und las, dass Henry Maske, der weniger Haare hat als ich, für drei Millionen Euro wieder boxt. Eine Sekunde lang dachte ich, dass ich, wenn ich prominent genug wäre, für hunderttausend Euro gegen den Kolumnisten Axel Hacke boxen könnte, der ungefähr mein Alter und meine Gewichtsklasse hat. Der Kolumnist Juan Moreno wäre zu jung, der Kolumnist Wiglaf Droste ist in einer zu hohen Gewichtsklasse. Dann spürte ich, wie die Friseurin langsam meinen Kopf massierte, wobei sie mit ihrem Körper im Rhythmus der Massage gegen den Friseurstuhl stieß, sodass der Stuhl leicht vibrierte, und ich roch die Friseurin. Am Tag vorher hatte mir jemand erzählt, wie Geruch zustande kommt; man nimmt winzige Partikelchen der Substanz in sich auf, die man gerade riecht. »Wenn du es riechst«, hatte der Freund gesagt, »dann ist es bereits in dir drin«. Bei ekligen Sachen ist diese Vorstellung unangenehm, aber gewiss nicht bei einer Friseurin wie dieser hier. Ich dachte, ein Teil der Friseurin ist in mich eingedrungen, und dabei handelt es sich um keinen Gedanken und um keine Vorstellung, sondern um eine physikalische Wahrheit.

Die Friseurin brachte Kaffee und Zeitschriften. Sie lächelte süß und sagte: »Ich habe mir überlegt, welche Zeitschriften ein Mann wie Sie mögen könnte.« Es waren *Psychologie heute*, *Emotion*, und *fit for fun*. Die Friseurin fragte: »Soll ich die Locken herausarbeiten? Das steht Ihnen. Ganz bestimmt steht Ihnen das. Momentchen, ich setze Ihnen die Brille ab.« Ich sagte: »Ja, o ja, bitte arbeiten Sie die Locken heraus.«

Das nackte Bein der Friseurin streifte meinen ebenfalls nackten Arm, der vorschriftsmäßig auf der Armlehne lag, es fühlte sich kühler an, als ich erwartet hätte. Ich spürte die Friseurin, wie sie mit ihren Händen langsam und gründlich die Locken herausarbeitete und dabei heftig atmete, und dachte über männliche Würde nach. Ich dachte, dass Henry Maske immerhin gesundheitlich etwas riskiert in seinem Kampf und dass ich den blöden neuen Werbespot mit Harald Schmidt, wo er so albern kichert und mit dem Arm Bewegungen macht wie ein Huhn beim Eierlegen, viel würdeloser finde als das Comeback von Henry Maske. Für Geld zu kämpfen ist besser, auch irgendwie männlicher, als sich für Geld zum Affen beziehungsweise zum Huhn zu machen; ich werde aufhören, die Harald-Schmidt-Show zu kucken. Warum brauchen die überhaupt alle so viel Geld? Wozu? Die wirklich wichtigen Dinge kriegt man sowieso nicht für Geld! Dann berührte die Friseurin mit ihrem Zeigefinger mein Ohr und sagte: »Fertig, und jetzt zeige ich Ihnen noch etwas ganz Besonderes, speziell für Kunden wie Sie. Ich zeige diese spezielle Sache nicht jedem.«

Ich habe für sechsundzwanzig Euro ein »Sebastian Professional Potion Number nine«-Pflegegel für sensibles Haar gekauft, wie jedes Mal beim Friseur. Das Badezimmer ist voll davon. Ich benutze es gar nicht. Ich schaue es nur an.

# Über Fußball

Dieser Text hat das Thema: Fußball. Vor einiger Zeit wurde ich darum gebeten, einen größeren Aufsatz zum Thema Frauenliteratur zu schreiben. Unter Frauenliteratur versteht die Fachwelt solche Literatur, die von Frauen, meist jüngeren, speziell für die anderen Frauen verfasst wird. Wenn eine Frau ein Buch schreibt, das grundsätzlich für Lesepersonen beider Geschlechter geeignet ist beziehungsweise geeignet sein soll, handelt es sich, in der Terminologie der Literaturwissenschaft, nicht um »Frauenliteratur«, sondern um »Literatur«. Zu Beginn eines größeren Aufsatzes klärt man nämlich immer die Begriffe.

Die Postbotin brachte eine Kiste voller Bücher. Ich habe alle gelesen. In den Büchern ging es nahezu ausnahmslos um Männer. Ich hatte gedacht, in der Frauenliteratur ginge es um Frauen, dies war ein Irrtum gewesen.

Die Bücher handelten davon, wie man einen neuen Mann findet oder bekommt oder den alten Mann behält, wie die Männer im Allgemeinen sind oder wie ein ganz spezieller Mann ist, wie schlecht oder wie super die Männer sind, was Männer mit Frauen in verschiedenen Situationen machen oder nicht machen oder machen sollen oder nicht machen sollen und wer mit wem.

Dies hat mein Frauenbild beeinflusst, beziehungsweise ich habe angefangen, die Frauen zu beobachten und zu belauschen. Wenn in einem Café zwei Frauen saßen, habe ich mich an den Nebentisch gesetzt. Sie haben über die Männer gesprochen. Ich habe Frauen gefragt, worüber sie mit ihren Freundinnen reden, sie antworteten: »Über das Leben und so.« Dann habe ich nachgefragt und herausgefunden, dass die meisten unter dem Thema »das Leben und so« ungefähr das Gleiche verstehen wie »die Männer«. »Leben« ist offenbar eine Art Synonym für »Männer«.

Männer reden über so viele Dinge. Geld. Literatur. Politik. Bundesliga. Der Rücken. Jagen. Kochrezepte. Beruf! Hanteltraining!! Auto!!! Das Männergespräch bildet eine unendliche Weite, einen Kosmos. Jeder Mann birgt in sich ein Universum. Frauen bergen in sich Frauenliteratur. Ich bin ins Café Einstein gegangen und habe Frauen beieinander sitzen gesehen und dachte: Sie reden jetzt über Männer. Ich aber kann die von mir mitgebrachte illustrierte Lebensgeschichte des Nikolaus Kopernikus aufschlagen und ein wenig darin lesen, womöglich das eine oder andere Bild betrachten, dies ist eine große Gnade.

Ich bin grundsätzlich sensibel und versuche grundsätzlich, Frauen zu verstehen. Ich dachte, vielleicht hängt die soeben geschilderte Fixierung mit der jahrtausendelangen Unterdrückung durch den Mann zusammen. Aus familiären Gründen bin ich gelegentlich in Afrika. Dort aber habe ich festgestellt, dass schwarze Menschen, trotz langer Unterdrückung, keineswegs ununterbrochen über weiße Menschen sprechen. Schwarze Männer reden über alles Mögliche. Schwarze Frauen reden über Männer.

Während einer Fußball-Weltmeisterschaft wird, speziell

von den Männern, unaufhörlich über Fußball geredet. Zum Thema Fußball habe ich eine These. Sie lautet: Der Fußball der Frau ist der Mann.

# Über Geld

Die Deutsche Bank hat ihren Gewinn verdoppelt, trotzdem wirft sie 5200 Leute raus. Diese Kolumne hat übrigens den gleichen Refrain wie ein berühmter Bob-Dylan-Song.

In zahlreichen Kommentaren wird darauf hingewiesen, dass die Deutsche Bank diese Leute entlassen muss, damit die Aktienkurse nicht sinken. Die Aktionäre üben angeblich Druck aus, auf den Bankchef. Die Aktionäre aber sind, mit den Worten der *Frankfurter Allgemeinen*, »ungezählte Arbeiter, Angestellte, Rentner oder Freiberufler, die eine möglichst hohe Rendite erzielen wollen«.

Da ist eindeutig von mir die Rede.

Erstens bin ich Angestellter. Zweitens hat mich niemand gezählt. Drittens bin ich Aktionär der Deutschen Bank. Ausgerechnet ich soll schuld sein an den Massenentlassungen!

Gekauft habe ich mitten im Aktienboom. Das war crazy, zugegeben, aber alle haben es damals gemacht. Immerhin war ich vernünftig genug, in keine picklige Internetspelunke zu investieren, sondern in die grundsolide Deutsche Bank. Meine Aktien sind deswegen heute auch nur 20 Prozent weniger wert als damals. Das erste Mal habe ich übrigens 1992 Aktien erworben. Daimler-Benz. Dieses Papier hat im Laufe von dreizehn langen Jahren nur 25 Prozent seines Wertes eingebüßt; nach meiner Erfahrung mit der Deutschen Bank handelt es sich um eine solide Performance von Daimler. Als die Aktien dann im Keller waren, nach dem Boom also, habe ich zu meiner sicheren Alterssicherung aus Sicherheitsdenken den angeblich sichersten Fond der Firma DWS erworben. Alle sagten plötzlich: Aktien kauft man, wenn die Kurse im Keller sind, du Dödel.

Dieser Fond macht mir tatsächlich viel Freude, denn ich habe bisher erst 15 Prozent meines eingesetzten Kapitals verloren. Das ist die beste Performance in meinem gesamten Portefeuille. Unter dem Keller liegen bei der Börse nämlich noch zahlreiche weitere Untergeschosse.

Inzwischen kenne ich die Branchensprache. Wenn es in den Fachblättern heißt »Kategorie AAA +++«, dann bedeutet dies: Du wirst nicht dein ganzes Geld verlieren, mein Freund, sondern eine kleine Tranche davon zurückerhalten. Wenn sie sagen »großartige Gewinnchancen«, dann, o Verfluchter, wirst du keinen einzigen Cent je wiedersehen. Meiner Lebenserfahrung nach handeln alte Leute, die ihr Bargeld in der Matratze aufbewahren, deutlich vernünftiger als ein junger Schlaumeier, der einen Aktienfond kauft.

Was aber die Deutsche Bank betrifft, die sich bei den Entlassungen auf mich beruft, sage ich Folgendes: Ich will keine »möglichst hohe Rendite«, verdammt. Mir reichen drei Prozent. Ach was, ich wäre schon glücklich, wenn eure verfluchten käseweichen Kurse wenigstens nicht sinken und ich wenigstens mein damals eingesetztes Geld wiederkriege, diese schöne, glänzende, mit schweißnasser Stirn zusammenfabulierte Kohle. Irgendwer hat all die Millionen eingesackt, die ihr in den letzten Jahren abgezockt habt, aber ich bin es nicht, nicht ich, der leertaschige Kleinaktionär M., nicht ich bin's, das ärmste aller Börsenschweine, dem ihr räudigen Hunde nun auch noch die Entlassungen in die Schuhe schieben wollt, *it ain't me, Babe, no, no, no, it ain't me.*

# Über die deutsche Gesellschaft

Fast jeder Mensch geht bei Rot über die Ampel, wenn weit und breit kein Auto zu sehen ist, auch ich tue dies. Nach meinem Rechtsempfinden ist die Ampel ein freundliches Angebot des Staates an mich als Fußgänger, von dem ich Gebrauch machen kann oder auch nicht. Ein Schutzangebot, das man unter allen Umständen annehmen muss, auch wenn man gar nicht möchte, heißt »Schutzgeld«,. Es wird einem nicht vom Staat gemacht, sondern von der Mafia.

Ich respektiere in dieser Frage auch andere Ansichten. Das heißt, wenn eine starrsinnige, unflexible und obrigkeitshörige Person an einer Ampel steht und die Straße partout nicht überqueren will, obwohl sich auf fünfhundert Metern Entfernung kein Auto zeigt, dann gebe ich dieser Person keinen ermunternden Klaps auf den Po und halte ihr keinen Vortrag über den mündigen Bürger, die Große Französische Revolution und den Mut vor Fürstenthronen. In den letzen Jahrzehnten hat sich in Deutschland das Verhältnis zwischen den Ampelstehern und den Ampelgehern entspannt, es gibt kaum noch Zwischenfälle, während man in den sechziger Jahren als Ampelgeher von den Ampelstehern noch hin und wieder ins Arbeitslager gewünscht wurde und als Ampelgeher den Ampelstehern den Stinkefinger zeigte. An der Ampel funktioniert die multikulturelle Gesellschaft.

Wenn Kinder sich an der Ampel aufhalten, sind die Verhältnisse anders. Mit Kindern bleiben alle stehen, auch ich. Wir sind Vorbilder. Gleichzeitig spielen wir den Kindern etwas vor, wir lügen. Wir entwerfen ein falsches Bild von der deutschen Gesellschaft, das Bild einer Gesellschaft nämlich, in der jeder Mensch jederzeit an der Ampel stehen bleibt, auch dann, wenn kein Auto kommt. Indem wir an der Ampel Vorbilder sind, verhalten wir uns, was die Wahrheitsliebe und das Bekenntnis zur eigenen Meinung betrifft, gerade nicht vorbildlich.

Dies ist ein philosophisches Problem.

Ungeklärt ist außerdem die Frage, ab wann der kognitive und intellektuelle Apparat eines Kindes in der Lage ist zu erkennen, ob ein Erwachsener bei Rot stehen bleibt. Wenn ich einen Kinderwagen sehe, gehe ich bei Rot. Der Säugling kann aus seinem Wagen ja nicht hinausschauen, und wenn er es könnte, würde er nichts begreifen. Bei Zweijährigen ist der Fall klar, da bleibe ich stehen, unterhalb von zwei Jahren erstreckt sich eine Grauzone. Einjährige vergessen fast alles sofort wieder, sie erkennen ja kaum ihren Vater, wenn sie ihn eine Woche nicht gesehen haben.

Ein Einjähriger weiß gar nicht, was eine Ampel bedeutet.

Neulich aber sah ich, hinter einem Busch verborgen, zwei Zwölfjährige, die, nachdem sie sich davon überzeugt hatten, dass kein Erwachsener in der Nähe war, bei Rot die Straße überquerten. Da wurde mir bewusst, dass es an der Ampel Parallelgesellschaften gibt und dass meine Multikulti-Idee naiv war. Wenn Erwachsene und Kinder an der Ampel zusammentreffen, bleiben beide stehen und spielen einander vor, dass sie die gleichen Normen haben, wenn sie aber unter sich sind, gehen beide bei Rot. Sie haben also tatsächlich die gleichen Normen, wissen aber beide nicht, welche es sind.

## Über Günter Grass

Ich möchte eine Bringschuld begleichen. Bis auf mich hat sich inzwischen jeder deutsche Intellektuelle zum Fall Grass geäußert beziehungsweise zu Grass' Mitgliedschaft bei der Waffen-SS. Mein ostdeutscher Freund hat mir gesagt, dass er nicht versteht, worum es in dem Fall Grass geht. Das Einzige, was er verstünde, sei, dass alle westdeutschen Meinungsführer eines gewissen Alters in der NSDAP oder bei der SS waren, alle ostdeutschen Meinungsführer aber waren bei der Stasi, was eindeutig weniger schlimm sei, weil die Stasi keinen Weltkrieg angefangen hat, die Ostdeutschen oder die Sorben nicht ausrotten wollte und so weiter. Ostdeutschland sei in dieser Affäre der große moralische Sieger.

Wenn ich Günter Grass wäre, würde es mich am meisten ärgern, dass mein Buch wochenlang bei allen wichtigen Kritikern auf dem Tisch gelegen hat, und keinen einzigen Kritiker packte die Lust, es zu lesen. Grass hat vielleicht in Wahrheit seit zwanzig Jahren in all seinen Romanen, Essays und Gedichten immer wieder geschrieben, dass er in der Waffen-SS war, zuerst als leise poetische Andeutung, dann als starke Metapher, zum Schluss überdeutlich in Klartext mit Ausrufungszeichen. Es hatte aber kein Mensch Lust, es zu lesen.

Am Ende war er so verzweifelt, dass er es der *FAZ* erzählt hat.

Mir fällt auf, dass Günter Grass einen Scheitel und einen dunklen Schnauzbart trägt, dass er sich als Soldat freiwillig gemeldet hat, sich an Details seiner Soldatenzeit aber nicht mehr erinnern kann, dass er gern lange öffentliche Reden hält und politische Bekenntnisse abgibt, dass er bei Frauen immer gut ankam, dass er die Amerikaner für Rassisten hält, dass er den Katholizismus vehement ablehnt und dass er Hunde liebt. All dies trifft Punkt für Punkt auch für einen anderen deutschen Bestsellerautor zu. Ich möchte Günter Grass nicht zu nahe treten und ausdrücklich betonen, dass es auch Unterschiede gibt.

Dann habe ich die Süddeutsche aufgeschlagen und zufällig einen riesigen Artikel über *Mein Kampf* entdeckt. In dem Artikel stand, dass deswegen kein Mensch das Buch *Mein Kampf* gelesen hat, weil es so weitschweifig ist und weil Hitler sich in dem Buch pausenlos selber lobt. Das Buch *Mein Kampf* sei im Gefängnis auf Anregung von Mithäftlingen von Adolf Hitler entstanden, denen seine unaufhörlichen politischen Reden und sein Besserwissertum auf die Nerven fielen. Sie dachten, wenn er autobiographische Literatur schreibt, ist er wenigstens ruhig. Hitler hat aber, sobald ein Kapitel fertig war, immer sofort eine Lesung im Gefängnis veranstaltet, an der die Mithäftlinge teilnehmen mussten. Das war Teil der Strafe. Außerdem sei das Buch so nebulös, dass die Intellektuellen unter den Nazis, Goebbels zum Beispiel, niemals daraus zitiert haben. Möglicherweise habe selbst Goebbels *Mein Kampf* nicht zu Ende gelesen. In keiner oder fast keiner Kritik des Buches *Mein Kampf* wurde erwähnt, dass Hitler Antisemit sei. Das ist damals offenbar keinem einzigen Feuilletonkritiker aufgefallen, auch nicht den linken oder jüdischen.

Ähnlich wie Grass musste also auch Hitler nach der Veröffentlichung seines Buchs regelrecht kämpfen, bis die Leute endlich zur Kenntnis nahmen, dass auch er Nazi war beziehungsweise die Nazis zumindest zeitweise unterstützte. Hitler ist gegen Ende seines Lebens von den Deutschen sehr enttäuscht gewesen, weil sie ihn und sein Buch nie richtig verstanden haben, beziehungsweise er glaubte, dass die Deutschen ihn gar nicht verdient gehabt hätten.

# Über Herpes

Interessant finde ich die Tatsache, dass Tiere Herpes bekommen können. Besonders Schweine sind anfällig. Wenn man aber das Fleisch eines herpeskranken Hausschweins an einen Hund (oder an eine Katze) verfüttert, dann stirbt der Hund (oder die Katze) innerhalb von höchstens drei Tagen. Schweineherpes kann der Hund (oder die Katze) auf den Tod nicht ab (echt wahr).

Es gibt acht Arten von Menschenherpes, welche in drei Großgruppen unterteilt werden, und zwar Alpha, Beta und Gamma. Am unangenehmsten sind, wie im Grunde überall, die Alphatypen. Ein Alphaherpes, der sich, besonders bei der Jugend, geringer Beliebtheit erfreut, heißt Herpes genitalis. Vor diesem Leiden möge mein Schöpfer (wer immer es sein mag) mich allezeit bewahren.

Herpes ist noch sehr wenig erforscht. Die Menschen wissen heute so vieles über sich selbst, über die Welt, allein, nur weniges davon hat mit Herpes zu tun. Man weiß nicht einmal genau, wie viele Menschen unter Herpes leiden; die Schätzungen reichen von 50 bis 95 Prozent, das heißt, es sind zwischen (ich runde aus Gründen der Lesbarkeit leicht auf) 750 000 und 1,35 Millionen *ZEIT*-Leser. Ein Prozent, vulgo 15 000 *ZEIT*-Leser, wird mindestens einmal im Monat befallen. Es würde sich unter dem Gesichtspunkt der persönlichen Betroffenheit, der Lesernähe und der Emotionalisierung des Blattes anbieten, in dieser Zeitung ein eigenes Herpesressort zu eröffnen, doch fürchte ich, dass auch dieser meiner Gedanken bei den Redakteuren auf unfruchtbaren Boden fällt.

Das Erfolgsgeheimnis des Herpesvirus besteht darin, dass es vom Immunsystem nur im Stadium der akuten Erkrankung erkannt und bekämpft wird, in der restlichen Zeit versteckt sich der oder das Virus (nicht einmal das Geschlecht des Wortes Virus konnte von der Forschung verbindlich geklärt werden). Eine Ansteckung kann bereits erfolgen, wenn das Herpesopfer aus demselben Glas trinkt wie ein Herpestäter. Weil Herpes simplex gerne und mit vernichtenden Folgen die Leber befällt (»Herpeshepatitis«), ist das Verhältnis zwischen Trinkern und Herpeskranken angstbesetzt. Ein Hausmittel, das hilft, ist Honig. Man soll Honig drauftun oder frischen Knoblauch, wie gegen Vampire. In Amerika haben sie entdeckt, dass Lakritz die versteckten Viren angreift; Lakritz ist geradezu die Anti-Herpes-Wunderwaffe (Francesca Curelli, *Journal of Clinical Investigation*, Bd. 115, Nr. 3, S. 650). In dem Lakritz ist Süßholz drin. Dieses Süßholz lässt die Tarnung der Viren auffliegen, mit anderen Worten, Süßholzraspeln *is a little help* gegen Herpes. Eine mir nahestehende Person bekommt immer Herpes auf dem Körperteil, das zum Draufsitzen verwendet wird. Ich sage nicht, wer es ist, weil ich nicht enterbt werden möchte und weil man seine Eltern ehren soll. Wo aber mein eigener Herpes sich befindet, sage ich erst, wenn Sie und ich uns besser kennen und die Zeit für intime Geständnisse gekommen ist. Mein eigentliches Motiv zum Verfassen dieses Textes bestand ohnehin darin, dass ich etwas mit vielen, korrekt verwendeten Klammern schreiben wollte (im Grunde interessiere ich mich gar nicht so für Herpes).

# Über Hörgeräte

Früher habe ich immer mein eigenes Lebensalter in Gedanken verdoppelt. Am vierzigsten Geburtstag habe ich gedacht: »Achtzig wirst du locker. Die Hälfte der Show ist noch lange nicht vorbei.« Ab fünfundvierzig wurde es schwierig. Seitdem ziehe ich in Gedanken die ersten sechs Jahre ab. Die zählen nicht, weil ich mich nicht an sie erinnern kann. Am achtundvierzig Geburtstag habe ich so gerechnet: 48 minus 6 ist 42. 42 mal 2 ist 84. Falls ich älter werde als vierundachtzig, was viele Männer neuerdings ja tun, ist die Hälfte meines bewussten Lebens immer noch nicht vorbei.

Inzwischen muss ich, damit die Hälfte noch nicht vorbei ist, sechsundneunzig werden. Das ist machbar. Außerdem schaue ich regelmäßig im Internet auf die statistische Lebenserwartung. Ein Neunzigjähriger hat noch eine statistische Lebenserwartung von vier Jahren. Ein Hundertjähriger lebt im Durchschnitt noch zwei Jahre. Sogar der Hundertzweijährige hat in der Statistik noch fast ein volles Jahr. Wahnsinn. Die Show hört nie auf.

Ab hier wird diese Kolumne für Männer über achtzig übrigens vollkommen uninteressant.

Mein Vater ist vierundachtzig. Er ist topfit, obwohl er, meines Wissens, nicht einen einzigen Tag gesund gelebt hat. Aber er hört schlecht. Wahrlich, dieser Mann hat das Gehör eines Tiefseefisches. Mehrmals habe ich ihn angeschrien: »Kauf dir endlich ein Hörgerät.«

Er antwortet dann mit gespielter Nachdenklichkeit: »Ja, stimmt, Hörgerät, könnte ich eigentlich machen.« Inzwischen habe ich resigniert. Dieser Mann will kein Hörgerät.

Er will kein Vogelgezwitscher. Er will, dass man ihn anschreit. Er will, dass im Restaurant alle Leute denken, ein Familienstreit sei im Gange, obwohl man ihn in Wirklichkeit lediglich darum bittet, mal eben das Salz rüberzureichen. Er hat Strategien entwickelt. Wenn man ihm etwas in normaler Lautstärke sagt, lächelt er einfach, wie ein Japaner. Oder er sagt, obwohl er nichts verstanden hat: »Ja, stimmt, das finde ich auch.« Diese Antwort kommt bei jedem Gesprächspartner gut an.

Dann habe ich mich umgehört und festgestellt, dass fast alle Personen, die Väter in entsprechendem Alter besitzen, ähnliche Geschichten erzählen. Es ist eine Massenbewegung! Alle alten Männer in Deutschland sind taub und tragen kein Hörgerät.

Brillen oder Gehstöcke machen ihnen seltsamerweise nichts aus, obwohl sie viel auffälliger sind. Hängt es irgendwie mit dem Erbe des Dritten Reiches zusammen? Hitler hat immer übertrieben laut gesprochen. Jedenfalls glaube ich, dass die alternde Gesellschaft in Deutschland nicht zwangsläufig egoistischer werden wird, wie es ein berühmter Autor in seinen Büchern immer vorhersagt, aber sie wird, ganz sicher und zwangsläufig, schwerhöriger. Falls ich ein Buch über die Zukunft schreibe, wird es den Titel tragen: »Ja, stimmt, das finde ich auch.« Untertitel: »Vom Ertauben unserer Gemeinschaft«.

Wenn ich übrigens gefragt werde, wie alt ich bin, sage ich: »Ich bin genauso alt wie Pierce Brosnan. Ich bin dreiundzwanzig Jahre jünger als Sean Connery, fast vier Jahre jünger als Flavio Briatore. Ich bin sechs Jährchen älter als George Clooney. Ich lebe nach der optimistischsten Statistik noch siebenunddreißig Jahre, nach der pessimistischsten noch fünfundzwanzig. Damit betrachte ich Ihre Frage als beantwortet.«

## Über John Lennon

Lennon war ein recht verspielter Künstler, hatte ich zu Dr. F. gesagt, der in seinem alten Ohrenbackensessel saß. Der Kamin knisterte. »Übrigens weiß ich zu John Lennon eine Geschichte, die sonst keiner kennt.«

Es geschah letzte Woche. In unserem Betrieb war Weihnachtsfeier. Die Feier fand in einem Restaurant statt. Als ich von zu Hause aufbrechen wollte, ich trug bereits meinen Anzug, rief eine Redakteurin an. Ob ich etwas über die »Lindenstraße« schreiben könne. Ich kenne mich mit der »Lindenstraße« nicht aus. Aber das hat mich, ehrlich gesagt, nie wirklich daran gehindert, über etwas zu schreiben. Ich habe allerdings auch keinerlei Meinung über die »Lindenstraße«. Ein Meinung muss man schon haben, damit der Text am Ende etwas taugt. Das Gleiche ist mir neulich bei Stefan Raab aufgefallen. Raab ist eine kontroverse Persönlichkeit. Aber ich habe keine Meinung zu ihm. Bei immer mehr Dingen des Lebens stelle ich fest, dass ich keine Meinung dazu habe. Ist das Resignation? Oder Weisheit?

Na gut. Während ich mit einer Hand telefonierte, versuchte ich, mit der anderen Hand meine besten schwarzen Schuhe anzuziehen. Aber beim letzten Mal hatte ich die Schuhe von den Füßen abgestreift, ohne den Schnürsenkel aufzuknoten; jetzt war der Knoten so fest verknotet, dass ich ihn nicht aufbekommen habe, schon gar nicht mit einer einzigen Hand. Da habe ich mit der Küchenschere den Schnürsenkel durchtrennt. Nun war er so kurz, dass an das Binden einer Schleife nicht mehr zu denken war. Okay, dachte ich, immer noch telefonierend, nimmst du eben die zweitbesten schwarzen Schuhe.

Nun merkte ich, dass die zweitbesten schwarzen Schuhe mit Schlamm verkrustet waren – wieso, woher, ich weiß nicht. Ich hatte sie wahrscheinlich deswegen nicht geputzt, weil ich noch das andere Paar besitze. Plötzlich fielen mir meine drittbesten schwarzen Schuhe ein. Die gehen noch gerade so. Aber sie hatten überhaupt keine Schnürsenkel, gar keine. Wieso eigentlich? Da zog ich mir, immer noch telefonierend, meine neuen Schneestiefel an. Wer achtet bei einer Weihnachtsfeier schon auf die Füße? Die Stiefel waren teuer. Ich achte nicht auf Marken, ich lehne Markenterror ab. Mir genügt es, wenn die Ware teuer ist, was soll ich da groß auf die Marke achten. Die Stiefel sind dick mit Fell gefüttert und gut bis minus siebzig Grad. Dann beendete ich das Gespräch über die »Lindenstraße«.

Oft werden bei Weihnachtsfeiern Reden gehalten, stets wird gescherzt, getanzt und getrunken, ich aber habe an den Füßen geschwitzt wie noch nie in meinem Leben. Es war, als ob die Füße auf einer heißen Herdplatte stehen. Die Schuhe waren inwendig so nass, dass es bei jedem Schritt quapschte wie bei der berühmten Durchquerung der Pripjetsümpfe durch Sven Hedin, 1902. Das hat mir die schöne Feier in gewisser Weise vergällt.

Nicht dass ich ungeduldig wäre, mein alter Freund, sagte Dr. F., aber verraten Sie mir doch bitte, was in aller Welt diese launige kleine Geschichte mit John Lennon zu tun hat. »Sie müssen nur die Anfangsbuchstaben der Absätze lesen, von oben nach unten«, antwortete ich. »Meiner Ansicht nach ist nämlich dies genau die Art, in der ein Genie wie John Lennon selber eine Geschichte über John Lennon erzählt hätte.«

## Über Journalismus

Vor einiger Zeit hat das Fernsehen bei mir angerufen. Sie wollten etwas über Journalismus machen. Ein Reporter kam ins Büro. Er fragte: »Was ist im Journalismus wichtig?« Ich antwortete: »Neugier.« Das war der größte Schwachsinn, den ich in meinem Leben jemals gesagt habe.

In der Sendung kamen Dutzende von Journalisten vor, berühmte, halbberühmte und unbekannte, ich glaube, sogar Frank Schirrmacher. Auf die »Was ist wichtig«-Frage haben alle die gleiche Antwort gegeben. Alle sagen das Gleiche! Wie in Nordkorea! Das hatten die Fernsehleute aber auch sehr schön zusammengeschnitten. Man sah einen Journalistenkopf nach dem anderen, und sie sagten alle nacheinander mit verschiedenen Stimmen: »Neugier.« *»Neugier.« »Neugier.« »NEUGIER.«*

Hinterher dachte ich: Auch Katzen und Hunde sind neugierig. Trotzdem sind sie keine guten Journalisten. Danach dachte ich: Mut! Es ist Mut! Der Journalist braucht den Mut, sich mit den Mächtigen dieser Gesellschaft anzulegen, dem Chefredakteur zum Beispiel.

Aber Katzen und Hunde sind auch manchmal mutig.

Jetzt sage ich Ihnen, was im Journalismus am wichtigsten ist und gleichzeitig am schwierigsten. Es ist das Fokussieren. Darunter verstehe ich, dass man sich auf das Thema des Artikels konzentriert und an nichts anderes denkt, bis das Ideenfloating einsetzt. Man darf nicht aufstehen und Joghurt holen. Man darf nicht ans Telefon. Man darf nicht die E-Mails checken. Man muss fokussieren und sonst gar nichts. Katzen fokussieren, wenn sie eine Maus sehen. Dabei richten sich ihre Ohren steil auf, die Barthaare zucken, der Schwanz schlägt wild hin und her. Dies ist bei fokussierenden Journalisten zum Glück nicht der Fall.

Mit fünfundzwanzig hätte ich in den Fokussierweltmeisterschaften locker eine Medaille gewonnen. Ich saß in der Lokalredaktion im Großraumbüro. Alle haben gleichzeitig telefoniert. Einige stritten und brüllten. Andere waren betrunken und torkelten mit ihren Rotweingläsern krachend gegen die Regale. Redakteure und Volontärinnen liebten sich lautstark unter den Schreibtischen, während Boten unablässig Gegendarstellungen in den Raum trugen. Der eisgraue Lokalchef lief auf und ab und schrie: »So geht es nicht! So geht es nicht! Nun nehmt doch Vernunft an, Kinder!« Das ist Lokaljournalismus. Ich aber schrieb einen Artikel nach dem anderen.

Heute muss ich vor dem ersten Wort mindestens dreißig Minuten Fokussierzeit haben, sonst kann ich nichts schreiben. Jedes Geräusch, jedes Wort, das einer an mich richtet, macht alles zunichte, und die Dreißig-Minuten-Frist beginnt von vorne. Zum Schreiben muss ich das Handy ausschalten und das Telefon abstöpseln. Dann kommen die Leute plötzlich in mein Büro gerannt und rufen: »Du gehst nicht ans Telefon!« Neuerdings schließe ich das Büro zum Fokussieren von innen ab. Dann kommen sie, rütteln, schlagen mit den Fäusten gegen die Tür und rufen durchs Schlüsselloch: »Du hast die Tür abgeschlossen!«, als ob ich das nicht selber wüsste. Wenn sie mich abends zu Hause fragen: »Was hast denn so gemacht?«, gebe ich zur Antwort: »Ich habe vergeblich versucht zu fokussieren.« Fokussieren ist die wichtigste Journalistentugend.

# Über das Kinderkriegen

In der *ZEIT* schrieb eine Frau, dass es praktischer sei, die Kinder mit zwanzig oder fünfundzwanzig Jahren zu kriegen, statt erst mit fünfunddreißig oder vierzig, wie heutzutage üblich. Auf diese Weise ließen sich Beruf und Familie leichter miteinander vereinbaren, weil die Frauen in der wichtigsten Karrierephase, welche angeblich zwischen dem fünfunddreißigsten und dem fünfundvierzigsten Geburtstag liegt, schon aus dem Gröbsten heraus seien.

Ich habe einen Gegenvorschlag. Er ist ernst gemeint. Ich muss dies ausdrücklich sagen, weil man bei mir immer den Verdacht hegt, dass ich es satirisch meine, bloß weil ich gerne lustige Wörter, drollige Sätze und Aperçus verwende. In meinem Kern bin ich ein ernsthafterer Mensch, als ihr alle glaubt.

Warum zeugen die Rentner keine Kinder? Ich spreche von den Männern über fünfundsechzig. Es gibt genug Rentner in Deutschland. Sie sind fit, sie brauchen eine Aufgabe. Wenn die alten Männer massenhaft Kinder zeugen, sind drei gesellschaftliche Probleme mit einem Schlage gelöst oder gemildert. Erstens gibt es mehr Kinder. Zweitens können die Frauen Beruf und Familie miteinander vereinbaren, weil zu Hause der alte Herr herumtüttelt, Breichen für sich und das Baby kocht und aus der Nibelungensage vorliest.

Alte Männer sind bessere Väter als junge, das sieht man auf jedem Spielplatz. Die jungen Väter wedeln auf dem Spielplatz mit ihrem Brusthaar und fassen am Klettergerüst die Au-pair-Mädchen an. Die alten Väter bauen mit ihren altersfleckigen Händen Sandburgen im Stile des Architekten Behnisch. Alte Männer basteln gerne, sie sind gelassener, sie brauchen weniger Schlaf, auch weniger Sex. Sie haben also nachts, wenn das Baby schreit, eine Menge Freizeit. Ein bisschen gesunken ist der Testosteronspiegel halt doch; dies ist eine große Gnade, die unserem Geschlecht von der Natur gewährt wird.

Drittens bekommen die alten Väter Kindergeld, denn ihre jungen, karriereorientierten Frauen haben das Kindergeld finanziell nicht nötig. Auf diese Weise sind unsere Senioren gegen Altersarmut gefeit.

Ein fünfundsechzigjähriger Vater kann heutzutage, im Gegensatz zu früher, seine Kinder sehr wahrscheinlich aufwachsen sehen. Wenn er stirbt, ist seine Frau fünfzig, hat einen Topjob plus erwachsene Kinder und kann sich einen jungen Liebhaber nehmen. Statt im Alter von fünfundzwanzig mit einem jungen Mann ins Bett zu gehen, tut sie es eben mit fünfzig. Da hat sie doch sowieso mehr davon.

Dann ist mir aber aufgefallen, dass junge Frauen sich sexuell nur von erfolgreichen alten Männern angezogen fühlen. Ohne eine gewisse erotische Anziehung funktioniert diese Reform ja nicht. Wenn aber die jungen Frauen Karriere und Kinder mühelos miteinander vereinbaren können, dank ihrer alten Männer, werden sehr viel mehr Frauen in Führungspositionen gelangen, das heißt, es gibt schon bald deutlich weniger erfolgreiche Männer, die, wenn sie erst einmal alt sind, mit den dann jung seienden Frauen Kinder zeugen könnten, mit anderen Worten, mein Modell der Gesellschaftsreform funktioniert nur eine einzige Generation hindurch.

Aber das ist immer noch mehr, als die Regierung mit ihren Reformvorschlägen zu bieten hat.

# Über Kommunalpolitik

Hatte ich erwähnt, dass ich Reporter bin? Nein? Bin ich aber. Ich mache das schon ewig, Mann. Ich habe schon alle Geschichten geschrieben, die es gibt. Manchmal, wenn ich mal wieder raus muss an die Front, fühle ich mich wie eine alte Prostituierte um vier Uhr morgens; dann denke ich, nein, bitte nicht noch ein Freier jetzt, aber letztlich machen wir beide es ja doch, sie und ich, denn wir brauchen das Geld und haben nur unser Talent. Weiß Gott, das haben wir.

In drei, vier Jahren steige ich aus und mache 'ne Bar auf. Oder ich gehe in eine Bar rein und komme für den Rest meines Lebens nicht mehr raus, wie Charles Bukowski.

Ein Kollege sollte über ein Dorf schreiben, in dem bei der letzten Wahl 90 oder 95 Prozent SPD gewählt haben. Deutscher Rekord. Das crazy SPD-Dorf. Sozialdemokratie à gogo. Da fuhr er also hin. Er fragte die Leute, wieso sie die SPD toll finden, was die SPD in ihrem Leben bedeutet, ob sie beim Sex an Willy Brandt denken und so weiter. Die Leute waren so weit okay und beantworteten brav alle Fragen. Am Abend rief er in der Redaktion an und sagte: »Alles klar mit dem SPD-Dorf, Story im Kasten, Bingo.« Als er den Namen des Dorfes erwähnte, wurden die in der Redaktion ganz wuschig und schrien los: »Bist du wahnsinnig! Das SPD-Dorf heißt doch ganz anders.«

Er hatte sich verhört. Das war in Wahrheit ein ganz normales Dorf gewesen mit politischem Mischwald in den Köpfen. Die Leute haben sich zwar gewundert, dass er so penetrant nach der SPD fragt, aber sie waren höflich und haben versucht, sinnvolle Antworten zu geben. Am nächsten Tag ist er dann in das echte SPD-Dorf gefahren und hat die Geschichte halt auf dem Gegensatz zwischen einem SPD-Dorf und einem anderen Dorf aufgebaut, in dem die SPD keine so dominante Rolle spielt.

Ich sollte über das CDU-Dorf schreiben. 96 Prozent CDU. Ich habe den Bürgermeister angerufen. Die Schwester des Bürgermeisters kam ans Telefon. Sie war sofort extrem sauer. Sie sagte: »Ich kenne Sie. Sie haben schon mal über unser Dorf geschrieben, mit Ihnen möchte kein Mensch in unserem Dorf mehr etwas zu tun haben.« Ich habe recherchiert, dass vor Jahren mal ein Reporter der *taz* in dem Dorf gewesen ist und geschrieben hat, das Dorf sei unbewohnbar wie der Mond. Ich konnte denen aber nicht sagen, dass es eine Verwechslung ist, weil sie mich überhaupt nicht zu Wort kommen ließen. Die Formulierung »unbewohnbar wie der Mond« – das hatten sie echt nicht gerne gelesen. Das brachte die immer noch voll in Rage.

Als ich in das Dorf kam, ein winziges Nest mit Hühnern und Gänsen und so, waren alle Fenster und Türen verrammelt, weil sie das fremde Auto schon von fern hatten kommen sehen. Auf der Dorfstraße war kein Mensch zu sehen. Es war ein gottverdammtes Geisterdorf. Ich bin auf der leeren Dorfstraße hin und her gegangen und habe gedacht: Jedes Mal, wenn hier abends der Mond aufgeht, denken die hier an mich und möchten mich killen. Aber es ist eine Verwechslung. Genau wie bei dem Typ, der in *Ritt zum Ox Bow* aus Versehen gelyncht wird.

Dann dachte ich, dass ich irgendwann eine Bar aufmache oder sonst etwas Großes tue. Das denke ich eigentlich immer, wenn ich den Blues habe.

# Über den Krieg

Das Kriegsende habe ich bis Ende März als Flakhelfer in Berlin erlebt. Es gab keine Flak mehr, nur jede Menge Flakhelfer. Die letzten Geschütze wurden vom Oberkommando der Wehrmacht nach einem komplizierten Verfahren ausgelost, ähnlich wie heutzutage die Tickets zu einer Fußball-WM von der FIFA. Ich hatte ein Redaktionspraktikum in der Wochenzeitung *Das Reich* hinter mir, einer Art NS-Intellektuellenblatt. Für das *Reich* schrieben Lothar-Günther Buchheim, Theodor Heuss, Max Planck, Elisabeth Noelle-Neumann, die damals Sissy Noelle hieß ... nun, diese Namen werden jungen Menschen nicht mehr viel sagen. Als Praktikant durfte ich das Kreuzworträtsel betreuen. Es gelang mir, mitten im Herzen der Finsternis den Begriff »Demokratie« unterzubringen (»jüdisch-bolschewistische Wahnidee mit zehn Buchstaben«). Dies ist mein Beitrag zum inneren Widerstand gewesen, auf den ich heute stolz bin.

Anfang April sollte ich mit den kurzen Hosen kaum entwachsener Grünschnabel, zum Volkssturm. Aber mein Mentor beim *Reich*, Werner Höfer, der spätere Fernsehmoderator, beorderte mich zur Redaktion eines Blattes, das *Panzerbär* hieß und den Widerstandswillen der Berliner gegen die anstürmende Rote Armee stärken sollte. *Der Panzerbär* funktionierte bis zuletzt erstaunlich normal. Ich erinnere mich, dass der Chefredakteur, Sturmschriftleiter Utz von Schraubstock, sogar dann noch mit dem Feuilletonchef Hauptmann der Reserve Dr. Düster über die Länge einer Musikkritik stritt – Thema: der Knabenchor der Hitlerjugend, Titel: »Unsere Mauern brechen, aber unsere Stimmen nicht« –, als bereits der Russe das Erdgeschoss des Redaktionsgebäudes besetzt hielt und unsere Kognakvorräte plünderte, die eigentlich als Werbeprämien für neu geworbene *Panzerbär*-Abonnenten gedacht waren.

Ich, als Jungsiegfried der Redaktion, sollte kleine, unpolitische Kolumnen über den Alltag beitragen. Als ich auf Themensuche unter ständigem Beschuss des Iwan von Bombenkrater zu Bombenkrater durch das Stadtzentrum sprang, sah ich direkt vor mir die in Gefechtsrauch gehüllte Silhouette des Führerbunkers. Ich klingelte – was hatte ich zu verlieren? Tatsächlich kam Hitler persönlich zur Tür. Ich sagte frech: »Mein Führer, bitte ein Interview! Sonst lässt Sturmschriftleiter Schraubstock mich erschießen!« Hitler zögerte kurz, dann tätschelte er meine Wange und sagte: »Gerrrrn, mein Junge!« In genau diesem Moment begann der Endangriff des Russen. Ich wurde gefangen genommen und musste journalistisch von vorn beginnen.

Wie anders wäre meine Karriere verlaufen, wenn ich das Hiltler-Interview bekommen hätte.

Meiner Ansicht nach sind sechzig Prozent der sogenannten Zeitzeugenberichte ganz oder teilweise erfunden. Es handelt sich um mündlich tradierte Volksliteratur, ähnlich wie im alten Germanien die Sagen oder bei den schwarzen Amerikanern der Blues. Wenn du in die Medien kommen willst, musst du entweder ein spektakuläres Verbrechen begehen oder ein fetziger Zeitzeuge sein. Letzteres ist einfacher. Denn Kriminalität ist schön, macht aber viel Arbeit. Demnächst werde ich mich mit meinen Erlebnissen aus den Schützengräben von Verdun, während der Berlin-Blockade und bei den Sexorgien des Pariser Mai zu Wort melden.

# Über das Landleben

Ein Freund hat Mitte der Neunziger ein relativ schönes Bauernhaus in Mecklenburg gemietet. Dort fuhr er immer hin, wenn er kreativ sein musste, sein Beruf heißt »Dichter und Denker«. Vor einigen Tagen traf ich den Freund. Er sagte: »Ich habe das Kreativhaus gekündigt. Dichten und Denken ist dort inzwischen ein Ding der Unmöglichkeit.« Es sei zu laut geworden. Die Nachbarn, Berliner Altalternative, haben vor ein paar Jahren mit der Zucht von irischen Biorindern begonnen, so kleine, langhaarige Zottelviecher sind das. Der Freund: »Die Biorinder brüllen Tag und Nacht.« Erst dachte er, sie werden von den Altalternativen nicht gemolken. Seit jeher sind Drogenrausch und Promiskuität die größten Widersacher des zeitigen Melkens. Aber nein, Melken hilft auch nichts, Brüllen gehört einfach zum Lebensstil eines Biorindes. Dann hätten sich immer mehr Nachbarn im Dorf Kleintraktoren, Betonmischer und Elektrosägen angeschafft, mit denen sie, von den brüllenden Rindern unbeeindruckt, von früh bis spät an ihren Häusern herumbauen. Sie sind in der Blüte ihrer Jahre, arbeitslos und haben Zeit. Die Lage im Osten wird immer schlechter, folglich werden dort die Häuser immer größer.

Zumindest eine gesellschaftliche Regel aber gilt immer

noch in beiden Teilen Deutschlands: kein Bauen ohne Baulärm. Der Freund sagte: »Ich kann überhaupt nicht mehr im Garten frühstücken. Zu Hause am Prenzlauer Berg ist es viel ruhiger.«

Außerdem fuhr ich mit einem anderen Freund in die Gegend von Zossen. Er wollte ein Haus kaufen, das Superschnäppchen für vierzigtausend Euro. Das Haus stand in der Nähe eines Sees und war ebenfalls schön. Aber rund um das Seerestaurant kreischten die Kreissägen. Auf dem Land gibt es immer was zu sägen. In der Stadt dagegen haben die Menschen, matt und lebenssatt, alles Sägbare längst gesägt. Mit dem Unsägbaren haben sie sich abgefunden.

Ein weiterer Vorfall betrifft einen Kollegen, der infolge seiner Bestseller im nördlichen Brandenburg eine Hazienda von der Größe der Republik El Salvador betreibt. Er erwähnte beiläufig, dass er mit seinem Nachbarn einen Rechtsstreit auskämpft, weil dieser unablässig und wie im Fieber Schuppen, Garagen, Unterstände und andere Kleinbauwerke auf dem Grund des Kollegen errichtet, wahrscheinlich aus Sozialneid. Über die Wirtschaftslage in Brandenburg steht oft Negatives in der Zeitung, aber die Schuppen- und Garagenbaubranche ist in hervorragender Verfassung. Da fällt mir ein, dass fast jeder meiner Bekannten, der einen Zweitwohnsitz auf dem Land hat, gerade einen Prozess gegen seinen Nachbarn führt. Der Prozess gegen den Nachbarn gehört zum modernen Landleben wie das Wespennest unter den Dachgauben oder der Subventionsbetrug.

Manche sagen: »In Deutschland herrscht zu viel Ungleichheit.« Ich sage: »In Deutschland herrscht zu viel Gleichheit.« Zum Beispiel hätte ich gerne mehr Unterschied zwischen Stadt und Land. Der letzte, winzige Unterschied zwischen Stadt und Land besteht darin, dass es in der Stadt etwas ruhiger ist. Deswegen habe ich mich dazu entschlossen, in der Stadt zu leben.

# Über das Leben als solches

Die Redakteure verlangen, dass ich ein »Lob des klugen Konsumenten« schreibe. Freiwillig würde ich das niemals tun, der Konsument ist dumm. Aber ich halte es für klug, mich den Forderungen der Redakteure nicht dauernd zu widersetzen und nicht ständig als Besserwisser dazustehen. Dies ist ein Beispiel dafür, wie ein kluger Konsument sich verhalten sollte.

Man kann nie alles gleichzeitig bekommen. Der kluge Konsument weiß das. Entweder ist ein Auto groß und bequem, oder es ist ein Sportflitzer. Beides zusammen geht nicht. Entweder trockener oder süßer Wein, entweder kurze oder lange Hose. Im Leben ist es meistens genauso. Entweder Kinder oder keine, entweder Innenstadt oder Vorstadt, Single oder gebunden und so weiter. Nur, im Leben akzeptieren die Leute das nicht, im Leben wollen sie meistens alles gleichzeitig, sie wollen alles Mögliche miteinander »verbinden«, sie wollen frei und geborgen sein, Karriere machen und Kinder haben, viel Erfolg und viele tiefe Freundschaften und so weiter. Eine Menge Unzufriedenheit ließe sich vermeiden, wenn uns allen klar wäre, dass es auch im Leben keine bequemen, geräumigen Sportwagen gibt.

Zum Beispiel: Kinder. Meine Freundinnen, die Frauen, schreiben immer, dass man Karriere und Kinder miteinander verbinden können muss, und dann werden Karrierefrauen präsentiert, denen es angeblich gelingt. Ich glaube aber, dass jemand, der sein Kind höchstens eine Stunde am Tag sieht, sich in Wirklichkeit eben für Karriere entschieden hat, sofern man unter »Kinder haben« etwas anderes versteht als »Kinder in die Welt setzen«, und das sollte man wohl. Wenn man ein Kind herstellt und nach ein paar Wochen dessen Schicksal fast ausschließlich Betreuungspersonal anvertraut, auf dessen Kompetenz hoffend, dann hat man sich halt für den Beruf entschieden.

Ich kritisiere das gar nicht. Ich kritisiere höchstens den Selbstbetrug, der in der Formulierung »beides miteinander verbinden« steckt, denn Kinder sind, wenn man sich aufs Kinderhaben einlässt, recht anstrengend und zeitraubend, da kann man wirklich nicht gleichzeitig Chefredakteur sein, es sei denn, die betreffende Person verfügt über eine übermenschliche Power. Manche haben die ja.

Ich möchte jetzt nicht groß das Mann-Frau-Ding diskutieren oder den Traditionsmacho spielen oder bergeweise Feministenpost bekommen, ich weiß, das Thema ist kompliziert und spielt auf vielen Ebenen. Ich will nur sagen: Man kann nicht alles gleichzeitig haben. Wer das behauptet, lügt, diese Lüge wird aber gerne geglaubt, auch von mir selbst hin und wieder. Insofern sind wir als Konsumenten, die wissen, dass ein VW-Bus kein Sportwagen sein kann, tatsächlich klüger als im restlichen Leben.

# Über Literatur

Ich bin auf Lesereise. In Recklinghausen hieß es: »Vor Ihnen hat auch John von Düffel hier gelesen.« John von Düffel? Die Leute sagten es, als sei das etwas ganz Besonderes. Alle liebten sie diesen Mann, Düffel.

Außerdem wohnt in Recklinghausen meine Jugendliebe von 1977/78. Nach der Lesung wollten wir was essen gehen, weil wir Hunger hatten. Um 22 Uhr 30 war in den Recklinghauser Gaststätten aber keine Nahrungsaufnahme im klassischen Sinne mehr möglich. Deswegen habe ich in einer Kneipe Erdnüsse gegessen, bis ich satt war. Dies waren, wenn ich mich recht erinnere, doch eine ganze Reihe von Erdnusspäckchen. In der Nacht wurde mir schlecht. Die Erdnüsse lagen wie Wackersteine im Magen. Am Morgen war mir immer noch schlecht.

Am Morgen sollte ich vor Schulkindern lesen. Die Lesung konnte nicht in der Schule stattfinden, weil in der Schulaula eine Tagung zum Thema Demenz stattfand. Deswegen war es in einer Kirche. Ich habe neben dem Altar gesessen, hinter mir der Gekreuzigte, vor mir hundertzwanzig Schulkinder, in mir ein Kilo Erdnüsse. Ich dachte, ich breche während der Show zusammen, wie Edith Piaf oder Janis Joplin, nur halt direkt unterm Kreuz. Daran werden die Kinder sich ihr Lebtag erinnern. Doch Gott war auf meiner Seite. Es ging Gott aber wahrscheinlich nur um die Kinder. Kaum saß ich nämlich im Zug nach Waldbröl, Bergisches Land, meldeten die Erdnüsse sich wieder. In Waldbröl hieß es, sofort, dass vor mir John von Düffel da gewesen sei. Von Düffel, von Düffel, hört das nie auf?

Das Hotel lag in einem anderen Ort, eine Viertelstunde entfernt. Alle sagten, dass der Dichter Wladimir Kaminer über das einzige Hotel von Waldbröl eine stark abwertende Short Story geschrieben habe, weil es diese Unsitte gibt, dass Schreiber, denen nichts Besseres einfällt, über ihre Lesereisen schreiben wegen dieses Kaminer, der Teufel möge ihn holen, bringe man die Autoren jetzt lieber woanders unter. John von Düffel habe sich in dem anderen Hotel jedenfalls wohlgefühlt. Etwa 0,1 Sekunden nach Ende der Lesung meldete sich jemand mit einer relativ komplizierten Frage. Hinterher erfuhr ich, dass der Dichter Kaminer nach Ende seiner Lesung hastig gefragt habe, ob es Fragen gebe, dann, nach nur 0,2 Sekunden, habe er blitzschnell sein Buch zugeklappt und die Veranstaltung für beendet erklärt. Damit dergleichen nicht noch mal passiere, bereite jetzt schon vor der Lesung immer jemand aus Waldbröl eine komplizierte Frage vor, die sogenannte Kaminer-Frage, welche sofort, also wirklich sofort nach dem letzten Wort des Autors gestellt wird.

Mit John von Düffel habe es solche Probleme wie mit dem Dichter Kaminer nicht gegeben. Die Leute in Waldbröl waren nett. In den Eingeweiden habe ich nur noch ganz schwach die steinernen Nüsse von Recklinghausen gespürt. Waldbröl gehört meiner Meinung nach zu den magischen Orten der Literatur. In Waldbröl entscheidet sich der Weg eines Autors: Ist er ein Düffel? Oder ist er eher ein Kaminer?

Dann legte ich mich in das Bett, in dem vor mir John von Düffel geschlafen hatte.

# Über Mobilat

Einmal pro Jahr findet in Berlin die weltgrößte Rentnerdemonstration statt. Sie trägt den Titel »Berlin-Marathon«. Ich stehe meistens mit einer Whisky-Cola am Straßenrand, lasse die gewaltigen Herden grauhaariger Mitbürger jenseits der siebzig an mir vorüberziehen, spüre im Raum der Geschichte den Widerhall der ebenso gewaltigen, ebenso grauen Gnuherden, die einst Afrikas Steppen unter ihre Hufe nahmen, und denke: Die Sportart Marathon sollte auf Deutsch zutreffender ›Methusalon‹ heißen. Und: Eines fernen Tages werde ich im idealen Marathonalter sein.

Letzte Woche bin ich, um mich auf meinen Lebensabend vorzubereiten, auf dem Fließband in der Fitnesslounge zum ersten Mal fünf statt drei Kilometer gelaufen. Am nächsten Morgen war das linke Knie so groß wie der Schädel eines neugeborenen Elefantenbabys. Ich schmierte Mobilat drauf. Mobilat ist einer der drei großen deutschen Medizinmythen. Aus den germanischen Göttern Thor, Odin und Frigga sind im heutigen deutschen Volksglauben Mobilat, Olbas sowie Klosterfrau Melissengeist geworden.

Der Tag, an dem in der Höhle unterm Kyffhäuser der Bart von Kaiser Barbarossa nicht mehr wächst, wird auch der Tag sein, an dem die Deutschen nicht mehr an Mobilat glauben. An diesem Tage wird unser Vaterland gurgelnd in der Ostsee versinken.

Tags darauf war die große Demo gegen Sozialabbau. Ich sollte als *Senior Comparing Reporter* berichten, weil ich mich als Einziger im Büro noch an die großen Demos von ganz früher erinnern kann. Das Mobilat hatte nicht geholfen. Es hilft eigentlich nie. Abzusagen traute ich mich nicht. Also bin ich mit zusammengebissenen Zähnen vom Gendarmenmarkt bis zum Brandenburger Tor mitgehinkt. Um das Knie hatte ich eine fleischfarbene elastische Binde gewickelt, die mit Klebeband befestigt war, weil ich die Befestigungszacken für elastische Binden in der Eile nicht finden konnte. Wegen des flutschigen Mobilats rutschte die Binde aus der Halterung, dröselte sich auf und schlängelte sich aus dem Hosenbein heraus. Erst nach einer Weile habe ich gemerkt, dass ich wie eine Fahne eine zwei Meter lange, fleischfarbene, aus dem Hosenbein lappende Elastikbinde hinter mir herzog, während ich, hinkend und mit zusammengebissenen Zähnen, zeitkritische Beobachtungen in mein Notizbuch eintrug.

Am Montagmorgen entsprach das Knie dem Schädelumfang eines geschlechtsreifen Elefantenbullen. In der Arztpraxis war ich der Jüngste. Die anderen Männer waren alle über siebzig, ihre Jacketkronen blitzten, es waren Marathonläufer. Einer hatte seine kleine Tochter dabei. Der Orthopäde stellte fest: »Meniskusproblem.« Zur Sprechstundenhilfe: »Geben Sie ihm Schmerztabletten.« Zu mir: »In Ihrem Alter hilft die Natur sich noch selbst.«

Dann ging er zu einem Hundertjährigen, dem die Natur definitiv nicht mehr hilft, um ihm für den New-York-Marathon eine Sehne aus Titanium ins Kniegelenk zu ätzen.

# Über Moral

Ich würde gerne einmal einen antifaschistischen Film drehen, der so geht: Gut aussehende, gebildete, sympathisch wirkende Menschen betreiben ein KZ, in dem ausnahmslos hässliche, ungebildete und unsympathische Leute mit Akne und Mundgeruch sitzen. Die Gefangenen im Lager sind intrigant und tückisch, sie prügeln ihre Kinder, abends singen sie in ihren Baracken Nazilieder. Die Wärter dagegen sind gute Köche und sensible Liebhaber, sie hören nach der Arbeit Norah Jones. Wenn man die Wahl hätte, ob man mit einem Täter oder einem der Opfer auf einen Drink in die Paris Bar geht, würde man sofort den Täter nehmen.

Die Botschaft des Filmes müsste lauten, dass es trotz allem nicht okay ist, wenn die einen die anderen umbringen. So ein Film könnte nie gemacht werden. Jeder Produzent würde sagen: »Die Botschaft ist zu kompliziert.«

In den normalen antifaschistischen Filmen tun fast immer dumme und laute Menschen klugen und schönen Menschen schlimme Dinge an. Diese Tatsache verurteilt der Film mit allem Nachdruck. Der umgekehrte Fall dagegen, der in der Geschichte nicht selten vorkommt, wird fast nie angeprangert. Man müsste eine Menschenrechtsorganisation gründen, die sich speziell um unattraktive Opfer kümmert, »Disgusting Victims International«. Bei denen möchte ich allerdings nicht Spendensammler sein.

Ich wäre gerne rebellischer. Aber die Kraft fehlt. Bei Esso sammle ich »Swops«, bei Karstadt sammle ich »Happy Digits«. Die Swops klebt man in ein lila Heftchen ein, die Happy Digits werden, wenn man bei Karstadt kauft, im Internet elektromagnetisch gutgeschrieben. Wer genug ausgegeben hat, kriegt etwas umsonst. Mit den Swops habe ich mir eine kostenlose Sporttasche verdient, indem ich für schätzungsweise zwanzigtausend Euro getankt habe. Ich bin monatelang weniger Rad gefahren und habe ein Kilo zugenommen, um eine Sporttasche zu bekommen. Mit Hilfe der Happy Digits aber habe ich mir zwei neue Bratpfannen schicken lassen. Ich verachte mich deswegen. Allein schon das Wort »Happy Digits« klingt nicht so, dass ich mich damit identifizieren könnte. Es klingt kindisch. Man ist froh, dass man endlich erwachsen ist, und dann soll man wieder Babywörter wie »Swops« und »Happy Digits« sagen. Ich tue das nur, weil schon meine Oma Rabattmarken gesammelt hat.

Die echten Nazis, die ich in meiner Jugend noch kennengelernt habe, waren fast alle reizende Leute. Solange man bestimmte Themen ausspare, konnte man sich gut mit ihnen unterhalten und merkte nichts. Vor allem Goebbels soll ein charmanter und witziger Typ gewesen sein. Wer in der Hölle zum Abendessen eingeladen wird, kann froh sein, wenn er den Platz neben Goebbels kriegt.

Wissen Sie, Sie können mich stundenlang von allen Seiten betrachten, vielleicht finden Sie mich nett, aber Sie werden niemals herausfinden, ob ich zu einem Mord fähig bin. Ich weiß es ja selber nicht.

# Über Mütterlichkeit

Im Grunde mag ich Mütter. Mutter Erde. Muttertag. Mutterkuchen. Trotzdem ist es an der Zeit, einmal eine Lanze gegen die Mütter zu brechen. Früher mussten sich drei, fünf oder sieben Kinder eine Mutter teilen, und das ging. Heute sind es ein bis zwei. Der Mutterquotient, also der Prozentsatz von Mütterlichkeit pro Kind, ist in unserer Gesellschaft seit Jahren ununterbrochen gestiegen.

Das einzige wertvolle Gut, von dem es in Deutschland pro Konsument pausenlos immer mehr gibt, ist Mutter.

Man sagt, dass Männer mit einer engen Mutterbeziehung häufig sonderlich werden. Wenn stimmt, was man sagt, kommt auf unser Land in den kommenden Jahrzehnten eine Springflut von sonderlichen Männern zu. In dreißig Jahren sitzen morgens in der U-Bahn nur noch Sonderlinge. Sie schauen sich gegenseitig sonderbar an. Sie haben sonderbare Flecken auf dem Hemd, tragen sonderbare Frisuren, altmodische Hemden mit steifen Krägen und zwei verschiedenfarbene Socken. Ihre uralten Mütter bringen sie ins Büro. Der deutsche Kanzler wird reden und aussehen wie Mr. Bean.

Ich habe über Mütter im Internet recherchiert. Wer »Mütter« eingibt, landet bei Mütter online. Bei Mütter online glotzt dich ein Typ an, von dem es heißt, er sei der Matze. Darunter steht: »Matzes Sprache ist derb und schmutzig.« Matze gehört zu der Comedy-Truppe »Eure Mütter«. Außerdem gibt es jede Menge Anzeigen auf der Mütterseite von Google. Ganz oben: »Frauen kennenlernen. Tausende Steckbriefe mit Bild.« Es folgt: ›Traumfrau. Erotikfrau. Sie bekommen passende Vorschläge.« Anschließend: »Alleinerziehend und Single? Wir helfen gerne.«

Das also findet man über Mütter im Internet. »Mutter« ist ein sexueller Begriff geworden, im Internet. Ich glaube, der Ödipuskomplex hat sich auf eine Weise radikalisiert, die noch niemand auszusprechen wagt.

Eine Reihe von Frauen, die ich kenne, sind in letzter Zeit Mutter geworden. Ich rede von Heidi Klum, Claudia Schiffer, Verona Feldbusch, Frau Beckham, Madonna, Catherine Zeta-Jones.

Ein paar Tage vor der Geburt haben sie sich fotografieren lassen, wie sie mit tiefem Dekolleté auf Partys einen draufmachen. Einen Tag nach der Geburt haben sie sich fotografieren lassen, wie sie in Sektlaune ein Bündel im Arm schwenken, das später einmal extrem sonderlich sein wird. vierzehn Tage nach der Geburt haben sie sich im Bikini beim Squashspielen fotografieren lassen oder wie sie an der Costa Smeralda mit Leonardo di Caprio nackt Bungee jumpen. Zum Muttertag kriegen sie von ihrem Mann einen Satz japanische Wurfmesser geschenkt, von ihrem Lover eine Einladung zum Einhandsegeln und von ihrem Fitnesstrainer ein mit Brillanten besetztes Pessar. Sie sind stark. Die Babys, die sie haben, sind schwach. Vor solchen Müttern habe ich Angst. Das ist wahrscheinlich reaktionär. Aber es ist ein authentisches Gefühl, das ich habe.

# Über den November

Jedes Jahr um diese Zeit bekomme ich die Spätherbstdepression. Sie kommt im November, sie geht kurz vor Weihnachten. Die anderen trinken Glühwein und kaufen Geschenke. An einer schäbigen Glühweinbude der Vorstadt aber, dort, wo Herr Schimmelpilz und Fräulein Dauerregen Vermählung feiern, lehnt ein alter, einsamer Mann; es regnet seit Tagen Adjektive, auf seiner geflickten Brille klebt feuchtes Laub, in seinem strähnigen Haar lernen Rattenbabys das Klettern. Er denkt: »Winter mag's werden im Lande. Grau kriechen die Gedanken. Ein Jahr geht hin und kömmet wieder nimmermehr.«

Nun nimmt er einen Schluck aus seinem schadhaften Glühweinbecher und spricht ein Kind an, ein zerlumptes kleines Mädchen, das statt mit einer Puppe mit einer zerbrochenen Bierflasche spielt. Er sagt: »Seit Jahren versuche ich, zwei Aphorismen zu veröffentlichen. Es passt nie. Erster Aphorismus: Was bei einem Bauarbeiter die Muckis sind, das ist bei einem Autor das Ego. Zweiter Aphorismus: Zwei Menschen, die versuchen, eine gemeinsame Linie zu finden, sollten nicht beide Kokser sein.« Das Mädchen weint stumm in seine Bierflasche.

Der alte Mann sagt: »Eine Kolumnenauswahl sollte als

Buch herauskommen, damals. Den Klappentext hätte ich selber schreiben können. Aber das Gefühl, ich könnte parteiisch sein, lässt mich beim Selbstlob nie ganz los. Der Verleger schrieb also den Text, unter anderem: Mit der nicht geringen Lebenserfahrung eines geschulten Beobachters erklärt der tapfere Endverbraucher Martenstein, was wir von all den Konfusionen, die uns Tag für Tag begegnen, zu halten haben. Im Lauf der Jahre hat sich mein ursprünglich neutrales Verhältnis zu diesem Satz, den ein freundlicher Mann mit den besten Absichten niederschrieb, zugespitzt. Fast täglich denke ich: Ich bin doch gar kein ›geschulter Beobachter‹. Als Beobachter bin ich Autodidakt. Meine Lebenserfahrung ist gering eine ›nicht geringe Lebenserfahrung‹ würde ich Fidel Castro bescheinigen oder Mick Jagger. ›Tapfer‹ bin ich von allen Eigenschaften am allerwenigsten, ›konfliktscheu‹ trifft's besser. Ich ›erkläre‹ auch nichts. Ich weiß gar nicht, wie Erklären geht.«

Der Adjektivregen wird dichter. Das zerlumpte Mädchen legt eine abgegriffene Münze auf den klebrigen Tresen der heruntergekommenen Bude, nimmt eine neue Bierflasche in seine winzigen Hände und blickt auf. In diesem Moment erkennt der Alte, dass es sich gar nicht um ein Mädchen handelt, sondern um den Zwerg aus dem Film »Wenn die Gondeln Trauer tragen«. Der alte Mann sagt: »Ohne nennenswerte Lebenserfahrung und mit ungeschulter Beobachtungsgabe kann der konfliktscheue Endverbraucher Martenstein natürlich nicht erklären, was wir von den Konfusionen, die uns Tag für Tag begegnen, zu halten haben. So hätte der Satz heißen müssen.« Der Zwerg sagt: »Weihnachten geht's uns allen wieder besser.« Dann stoßen wir an.

# Über Ostmitteleuropa

Mit den Ländern Ostmitteleuropas, die dem vereinten Europa beitraten, verbinden mich zwei emotional bewegende Erlebnisse aus meiner jüngeren Biographie. Vor einigen Wochen wurde ich von einer politischen Organisation angesprochen. Ihren Namen verrate ich nicht. Ich möchte es mir mit dieser Organisation nicht verderben. Ich sollte Texte vorlesen. Es war quasi eine Lesung. Die Zuhörer waren Deutschlehrer aus verschiedenen Ländern des europäischen Ostens. Letten, Ungarn, Slowaken und so. Auf diesen von der europäischen Geschichte nicht verwöhnten Personenkreis sollte ich, so lautete der Auftrag, mit sprachlichen Mitteln eine stimmungsaufhellende Wirkung ausüben.

Unmittelbar nach der Lesung trat der Veranstalter an meinen Tisch, öffnete umständlich seine Geldbörse und zählte vor den interessierten Augen der ostmitteleuropäischen Lehrer mein Honorar auf den Tisch. Es waren exakt 255 Euro. Die einen Lehrer dachten vermutlich: Dieser Mensch, dieser Deutsche da, hat nichts weiter geleistet, als eine Stunde lang vorzulesen. Wenn ich die Summe, die er mit verlegenem Lächeln dafür einstreicht, in eine Beziehung zu meinem eigenen Stundenverdienst setze, packen mich Entsetzen und Empörung. Die anderen ostmitteleuropäischen Lehrer aber dachten: Mehr ist dieser Autor nicht wert? So etwas wird uns hier vorgesetzt? Benjamin von Stuckrad-Barre würde für 255 Euro nicht einmal die rechte Augenbraue heben. Günter Grass verlangt im Internet für ein Stück Fußzehennagel 255 Euro. Ich aber dachte: Wenn ich jetzt im europäischen Osten wäre, in den Pripjetsümpfen zum Beispiel, dann könnte ich langsam im Boden versinken, und das wäre mir recht.

Einige Tage danach rief mich ein Magazinredakteur an, den ich bei einer Pressereise in Litauen kennengelernt habe. Ob ich in ihrem Magazin Blattkritik machen könnte. Ich lehne das immer ab. Es bringt nichts. Die Menschen ändern ihr Verhalten nicht durch Vorträge, es geht nur mit Gewalt, aus sexuellen oder finanziellen Motiven oder indem man sie betrunken macht. Das Leben hat mich gelehrt, dass man, statt mit vielen Worten anderer Leute Artikel zu kritisieren, besser schweigend an der Havel dem Schilf beim Wachsen zusehen sollte. Aber diesmal sagte ich zu, vermutlich, weil mich sekundenlang die melancholische Schönheit Litauens durchweht hatte.

Nach der Kritik gingen die Redakteure bedrückt aus dem Konferenzzimmer hinaus, ich wandelte mitten unter ihnen. Plötzlich fasste mich eine Sekretärin beim Arm und sagte freundlich: »Wir hatten doch ein kleines Honorar versprochen.« Dann drückte sie mir vor den Augen der von mir bis hart an die Grenze des Höflichen kritisierten Redakteure zwei Fünfzig-Euro-Scheine in die Hand. In den Augen der einen Redakteure las ich: Er redet unsere Arbeit schlecht, und dafür bekommt das Schwein auch noch hundert Euro. In den Augen der anderen stand geschrieben: Von einem armen Teufel, der es nötig hat, hundert Euro für eine Blattkritik zu verlangen, muss ich mir als Gehaltsgruppe A 2 sowieso nichts sagen lassen. Dabei hatte ich gar nichts verlangt! Sie haben es mir aufgedrängt!

Europa braucht mehr Fingerspitzengefühl, speziell mir gegenüber.

# Über Parkplatzsex

Ein sehr netter Herr von einem Automobilkonzern rief an und sagte, sein Konzern würde für die Aktionärsversammlung eine Art Heft herausgeben, etwas Künstlerisches, sehr Anspruchsvolles, mit Texten nur der allerbesten Autoren. Ob ich einen glossenähnlichen Text schreiben wolle, in dem die Themen »Auto« und »Mobilität« eine Rolle spielen. Der Herr sagte: »Tabus gibt es eigentlich keine.«

Wenn es heißt, »Tabus gibt es eigentlich keine«, schreibe ich immer über Sexualität. Also schrieb ich: Früher machten die jungen Menschen ihre ersten sexuellen Erfahrungen oft mobil im Auto. Heute kommt das nur noch selten vor. Es hängt mit der Toleranz zusammen. Fast alle Eltern sind heutzutage tolerant. Das Automobil ist also ein Konsumgegenstand, der aufgrund gesellschaftlicher Veränderungen einen Teil seines Nutzens für den jungen Konsumenten verloren hat.

Damals, in der Ära von Konrad Adenauer und Ludwig Erhard, wurden junge Menschen beim Anblick eines Autos ganz hibbelig, auch wenn sie gar nicht verreisen wollten. Die Autos waren eng und klapperten, waren dabei aber so effizient und naturnah eingerichtet wie der menschliche Fortpflanzungsapparat. Sie hatten drei Pedale, ein Lenkrad, zwei bis drei Hebel. Viel mehr ist es bei uns Menschen im Grunde auch nicht. Heute aber sind, wie jeder weiß, die Autos mit elektronischem Zubehör, Hebeln und Knöpfen der raffiniertesten Art ausgerüstet. Wegen des technischen Zubehörs ist Sex im Auto, wie das Leben insgesamt, komplizierter geworden. Wenn man früher aus Versehen an einem Hebel zog, ging der Scheibenwischer an. Heute müssen die Liebenden damit rechnen, dass mitten in den intimsten Situationen eine Computerfrauenstimme sagt: »Noch fünfhundert Meter, dann haben Sie Ihr Reiseziel erreicht.«

Trotzdem hat sich in den letzten Jahren in der Umgebung großer Städte eine sogenannte Szene entwickelt, die sich aus sexuellen Gründen in Autos oder um Autos herum versammelt. Alles Wissenswerte über das Phänomen »Parkplatzsex« erfährt der Erwachsene aus dem Privatfernsehen. Diese Menschen könnten ihre wie auch immer gearteten Projekte ohne Weiteres in Wohnungen oder Hotelzimmern realisieren. Sie könnten, falls es ihnen um die Verbindung von Naturerlebnis, Sinnenfreude und Motorsport geht, mit polizeilicher Billigung Zelte am Rande der Parkplätze aufstellen. Aber nein, sie ziehen den Begegnungsort Auto vor, obwohl das Auto dazu wenig geeignet ist. Es ist so, als ob sich Freunde des Tauchsports mitsamt ihren Sauerstoffgeräten an der Regentonne einer Kleingartenkolonie versammeln würden. Mit viel gutem Willen lässt es sich taucherisch realisieren, gewiss, aber einem neutralen Beobachter kommt es fragwürdig vor.

Was steckt dahinter? Nostalgie? Ehrgeiz? Systemkritik? Fest steht nur eines: Der Gedanke der Mobilität ist es wahrscheinlich nicht.

Nach einigen Tagen schickte der Herr von dem Automobilkonzern eine Mail. Sie könnten meine Ausführungen leider nicht in ihrer Aktionärszeitschrift drucken. Einige Herren aus dem Vorstand hätten auf den Text mit Unverständnis oder verstört reagiert.

Das fand ich nicht tolerant. Kunst soll doch verstören.

# Über Partys

Meine Agentin hat mich zu einer Party mitgenommen. Es war die Party des Verlages Rowohlt. Dort traf ich als Ersten den Chefredakteur einer neuen Zeitschrift, über die ich kürzlich einen extrem negativen Artikel verfasst habe. Er war sympathisch. Er erzählte über die Schwierigkeiten, die er hat, wegen der negativen Kritiken über seine Zeitschrift, und ich fühlte mich schlecht. Ich habe einfach nur geschrieben, was ich für die Wahrheit hielt, ich bin nicht boshaft. Dann drehte ich mich um und sah dem Dichter Christian Kracht in die Augen, der ebenfalls eine Zeitschrift herausbringt, über die ich sogar noch viel extremer negativ geschrieben habe. Christian Kracht sagte: »So also sieht das Schwein aus, das mich die ganze Zeit mit Dreck bewirft.« Ich habe mal einen Roman von Christian Kracht sehr gelobt. Die Leute merken sich immer nur das Negative. Neben ihm stand ein Journalist, dessen Buch ich verrissen habe. Ich schätze Willi Winkler, nur dieses spezielle Buch hatte ich eben einfach nicht gut gefunden. Jedes andere Buch von ihm hätte ich gelobt, dafür ist es nun zu spät. Ich bin schnell weggegangen. An einem Tisch stand der Autor Christian Ankowitsch, über den ich auch geschrieben habe, und zwar positiv. Ich war so froh. Aus Erleichterung habe ich mich zu fest an den Stehtisch gelehnt, und er brach krachend zusammen. Als ich aufschaute, blickte ich in die Augen von C., einem Redakteur aus München, der mich immer von oben herab behandelt. Er denkt, er sei intelligenter als ich, das merke ich genau und habe es nicht gern. Es stimmt auch nicht. Wegen der Sache mit dem Tisch fühlt er sich natürlich bestätigt. Dann kam eine Frau von der Tucholsky-Gesellschaft. Sie fragte, was die Grundthese meines Vortrages vor der Tucholskygesellschaft sei. Was für ein Vortrag, um Himmels willen? Um Zeit zum Nachdenken zu gewinnen, sagte ich, dass mir Tucholsky wegen seines Alkoholproblems menschlich immer besonders nahe war, anders als zum Beispiel Ernst Jünger mit seinem Käferproblem. Da wechselte die Frau die Farbe. Wie ich auf die Idee käme, dass Tucholsky ein Alkoholproblem gehabt habe. Das letzte Mal habe ich eine so wütende Frau 1981 gesehen, als meine Exfreundin mich wegen der Wohnung in Freiburg verklagt hat. Als ob ich zum Papst gesagt hätte: »Jesus war schwul.« Fast alle Autoren trinken doch! Am nächsten Tisch stand ein Lektor, der ein Manuskript von mir in Grund und Boden gestampft hat. Ich dachte, jetzt zeige ich, wie souverän ich bin. Er hat mich fixiert, als ob er mich würgen will. Da ist mir eingefallen, dass ich einen Bestseller aus seinem Verlag als, glaube ich, »schlampig ediert« bezeichnet habe; nun gut, da wäre ich an seiner Stelle auch sauer. Mit einer Armzuckung habe ich eine Weinflasche umgeworfen, die klirrend auf dem Boden zerschellte. Plötzlich wurde es ruhig. Alle schauten mich an.

Die Kolumne hat zu wenige Absätze. Dies ist ein literarisches Stilmittel, um zu zeigen, wie eng das Gedränge auf der Party war. Am Schluss habe ich vergessen, meiner Agentin auf Wiedersehen zu sagen. Sie meint, es sei nicht so schlimm.

# Über Porno

Mein Sohn ist in der Pubertät. Wenn er etwas großartig, gut oder hinreißend fand, sagte er bis vor Kurzem: »Das ist geil.« Das Wort »geil« bedeutete im Mittelalter »gut«. Später bedeutete es »lüstern«. Jetzt heißt »geil« wieder »gut«.

Ich habe meinen Sohn gefragt: »Was ist das Gegenteil von ›geil‹? Wie nennt ihr, in eurer jungen, taubedeckten Welt, in welcher gerade die Morgensonne der Selbstfindung aufgeht, eine Person, ein Tier oder eine Sache, die nicht großartig ist?«

Mein Sohn sagte: »Das Gegenteil von ›geil‹ heißt ›schwul‹. Ein schwuler Film ist ein Film, der nicht geil war. Schwule Schulsportschuhe. Eine schwule Mathearbeit. Der Pitbull – ein schwuler Hund. Die Klassenfahrt nach Bad Orb war schwul. Die Klassenfahrt nach Beverly Hills war geil. Oder es heißt, dieses Mädchen finde ich schwul, jenes Mädchen finde ich geil.«

In meiner Jugend ist »schwul« ein Schimpfwort gewesen. In meinen Mannesjahren wechselte »schwul« die Bedeutung. Schwule Regierungschefs priesen auf schwulen Stadtfesten in schwulstmöglicher Weise das Schwulsein. In der neuerlichen Umprägung des Wortes kommt meiner Ansicht nach nicht ein Wiederaufleben des Ressentiments gegen Homosexuelle zum Ausdruck, sondern die ewige Lust der Jugend an der Provokation. Hätten geile Regierungschefs auf dem geil-lüsternen Stadtfest in geilen Worten das Geilsein gepriesen, dann wäre in der Jugendsprache manches anders gekommen. An dem Tag aber, an dem der Ministerpräsident von Rheinland-Pfalz auf dem Parteitagspodium mit schwerem Atem und ungeordnetem Haar ins Mikrofon stöhnt: »Genossinnen und Genossen, ich bin geil, und das ist gut so«, werden in der Jugendsprache die Karten neu gemischt.

Vor einigen Wochen kehrte mein Sohn aus der Schule zurück und teilte mir mit, dass weitere Umwertungen stattgefunden haben. »Man sagt nicht mehr ›geil‹. Nur Dreißigjährige sagen ›geil‹.«

Jetzt sagt man, zu etwas Gutem, meistens »porno«. Das Schulfest war voll porno. Der Pfarrer im Jugendgottesdienst hat porno gepredigt.

Mein Sohn sagte, das Gegenteil von »porno« bezeichne die Jugend neuerdings als »psycho«. Ein Mädchen, das gestern noch schwul war, ist heute schon psycho. In der Kombination dieser beiden Begriffe ergeben sich reizende sprachlichen Effekte, zum Beispiel: *Psycho* von Hitchcock ist ein porno Film. N. ist ein porno Typ, aber er muss jede Woche zu einem psycho Therapeuten.

Nach einigem Nachdenken wurde mir klar, dass die Gutwörter und die Schlechtwörter der Jugend meist, aber nicht ausschließlich, dem Bereich des Sexuellen entnommen werden. Dabei wird stets das gesellschaftlich Goutierte negativ besetzt, das gesellschaftlich Verpönte aber wird ins Positive gewendet. Dies ist die Entdeckung eines sozialpsychologischen Gesetzes, dies ist das Holz, aus dem Promotionen geschnitzt werden. In zehn Jahren werden die Vierzehnjährigen sagen: Die Klassenfahrt nach Bad Orb war sensibel und nachhaltig. Die Klassenfahrt nach Beverly Hills aber war pädophil.

# Über Postfeminismus

Eine Freundin erzählte, dass es eine neue Minderheit gibt, die sich um gesellschaftliche Anerkennung bemüht und für diskriminiert hält. Es sind die Autoerotiker. Diese Personen lieben sich selbst, was wohl die meisten von uns tun, sie bekennen sich aber offensiv dazu, sagen, dass sie niemanden anderen brauchen, auch nicht sexuell begehren, und verlangen, dass sie mit sich selber eine eingetragene Lebensgemeinschaft eingehen dürfen, wie Homosexuelle. Kürzlich haben ja auch zwei alte Damen erfolgreich geheiratet, die nicht lesbisch sind, sich aber gegenseitig beerben möchten.

Ich sagte: »Wer sein Vermögen erbt, sollte einem Autoerotiker doch egal sein.« Es geht offenbar um steuerliche Vorteile. Ein mit sich selbst verheirateter Autoerotiker wäre steuerrechtlich kein Single mehr. Er könnte sich selber in zwei Steuerklassen aufsplitten. Der Zugang zum katholischen Priesteramt bliebe dem verheirateten Autoerotiker vermutlich versperrt.

Zuerst dachte ich: Für diskriminierte Gruppen sollte es eine Sperrklausel geben, wie die Fünf-Prozent-Hürde bei den Bundestagswahlen. Eine diskriminierte Gruppe muss mindestens ein Prozent der Bevölkerung hinter sich bringen, dann reden wir weiter.

Mir fällt auf, dass es bei den diskriminierten Gruppen in unserer Gesellschaft nur einen Zugang, aber keinen Ausgang gibt, genau wie bei der Staatsverschuldung und den Steuererhöhungen. Was macht eigentlich eine Gruppe, die es nach jahrzehntelangem erfolgreichem Kampf geschafft hat, nicht mehr diskriminiert zu werden? Nehmen wir beispielsweise an – bitte sehr, nur mal angenommen! –, Bundeskabinett und Chefetagen bestehen eines Tages zu 60 Prozent aus Frauen, die Führungskräfte in der zweiten Reihe ebenfalls, und von den 40 Prozent Männern in der Führung von Staat und Wirtschaft sind die Hälfte homosexuell. Völlig utopisch ist das doch nicht. Das kann doch in zwanzig, dreißig Jahren ohne Weiteres passieren! Während aber die Liste der bedrohten Tierarten – ich setze nichts gleich, es ist nur ein Beispiel! –, während diese Liste also von einer Naturschutzorganisation regelmäßig aktualisiert wird und eine Spezies, deren Schicksal sich erfreulich entwickelt hat, von »sehr bedroht« auf »mäßig bedroht« zurückgestuft wird, existiert eine solche Institution bei den diskriminierten Gruppen nicht.

Die diskriminierten Gruppen selber dürften zu einem objektiven Urteil kaum in der Lage sein, denn der Diskriminiertenstatus bringt ja Vorteile – Quoten, Fördertöpfe, Mitleid, Dikriminiertenbeauftragte und so weiter. Das Discrimination Checking müsste eine neutrale Organisation übernehmen, so etwas wie »Transparency International«.

Bei Männern und Frauen läuft es meines Erachtens auf die gleiche Situation hinaus wie zwischen Rauchern und Nichtrauchern, die beide mit nachvollziehbaren Argumenten erklären, von der jeweils anderen Seite diskriminiert zu werden. Einen harmonischen Zustand aber kann die Gesellschaft erst dann erreichen, wenn wir alle, jeder von uns, zu einer diskriminierten Gruppe gehören. Dann können wir einander endlich wieder auf Augenhöhe begegnen. Dies waren einige unsystematische Gedanken zur postfeministischen Post-68er-Ära, die wir soeben betreten haben.

## Über die Prostata

Diese Kolumne handelt zum Teil von dem verstorbenen Soulsänger James Brown, dessen Hit »This is a man's world« vor etwa vierzig Jahren herausgekommen ist. James Brown war beim Zahnarzt. Dem Zahnarzt fiel auf, dass er schlecht aussah, er schickte ihn ins Krankenhaus; bald darauf starb James Brown. Ich behandle auch die schwierigen Themen. In den letzten Jahren habe ich oft über meine gesundheitlichen Probleme geschrieben. Vielleicht habe ich es übertrieben. Im Grunde bin ich ganz gut beieinander. Ich habe zum Beispiel, meines Wissens, keinerlei Probleme mit der Prostata. Ich lese immer: Prostata, Männerproblem Nummer eins. Nicht für mich, Baby.

Ich habe gelesen, dass man bei Prostataproblemen nachts ständig auf die Toilette muss. Ich frage mich, wie all die ehrgeizigen jungen Frauen, die heutzutage in aller Regel Lebensgefährtinnen erfolgreicher älterer Männer sind, mit dieser Sache fertig werden. Das muss doch extrem lästig sein für die ehrgeizige Partnerin, dieses ständige Aufstehen des erfolgreichen Partners. Da ist man doch unausgeschlafen, am Morgen. Das ist doch, neben anderem, sicher auch ein Grund dafür, dass so wenige junge Frauen in der Wirtschaft Karriere machen. Ein Teufelskreis! Aber ich bin nicht so, Baby.

Zurzeit bin ich auf Lesereise und fahre viel Zug. Ich kann nicht viel Schlechtes über die Deutsche Bahn sagen, obwohl das eigentlich ein Topos ist. Die Handy-Kolumne. Die Bahnkritik-Kolumne. »Blutrot ging am Horizont die Sonne unter, in der Ferne bellte ein Hund, Großvater zog an seiner Pfeife, Babette hatte einen erfolgreichen älteren Partner, und der Zug war verspätet.«

Allerdings sind in den ICEs häufig die Toiletten kaputt. In manchen ICEs funktioniert, meines Wissens, nur jede dritte Toilette. Interessanterweise hängt genau gegenüber von vielen ICE-Toilettentüren ein Werbeplakat, das einen gut aussehenden, Richard-Gere-artigen Mann von schätzungsweise sechzig Jahren zeigt. Der Mann hat kurze, volle, graue Haare, eine gertenschlanke Statur, ein ausdrucksvolles Kinn und sensible Augen. Der Bildtext zu diesem Mann lautet: »Entspannt unterwegs. Ohne lästigen Harndrang!« Darunter steht: »Endlich wieder entspannt reisen, ohne ständig ans nächste WC denken zu müssen. Prostagutt forte.«

Ich will der Firma Prostagutt, light, medium oder forte, nicht unterstellen, dass sie dem Konstrukteur der ICE-Toiletten etwas zugesteckt hat. Fakt ist, dass in den engen, langen Fluren der ICEs pausenlos zahlreiche Männer hektisch auf und ab gehen, Männer ab etwa vierzig. Sie wirken nicht entspannt. Offenbar müssen sie ständig an etwas denken. Manche telefonieren, vielleicht mit ihren jungen, müden Partnerinnen. Andere lesen das Werbeplakat. Dabei malmen sie mit ihren ausdrucksvollen Kiefern und streichen sich nervös durch das volle, graue Haar. Nur ich bin ganz ruhig. Ich summe, total entspannt: »This is a man's, man's, man's world. Man made the trains to carry the heavy load.« So viel zu mir, Baby. Und du?

# Über Psychoanalyse

Als ich an der Universität war und studierte, stand die Psychoanalyse in voller Blüte. Alle Frauen, die ich kannte, machten eine Analyse. Solche Frauen, die keine Analyse machten, mussten bei geselligen Abenden diese Lebensentscheidung ausführlich begründen. Die Analyse war der entscheidende Schritt auf dem Wege vom deutschen Mädchen zur deutschen Frau, ein Initiationsritus, vergleichbar dem Bar-Mizwa-Fest bei jüdischen Knaben.

Wenn man sich mit den Frauen länger unterhielt oder so ähnlich, erzählten sie alle, dass sie mit ihrem Analytiker geschlafen hätten. Ich sagte dann, so ein Klischee, wie abgeschmackt, außerdem dürfen die Analytiker das eigentlich gar nicht, und bei dem Analytiker bist du doch nur eine unter ganz vielen. Damit wollte ich unausgesprochen zum Ausdruck bringen, dass die betreffende Frau bei mir darauf hätte rechnen dürfen, nicht eine unter ganz vielen zu sein, stattdessen eine unter relativ wenigen. Dieses Argument überzeugte keine Einzige.

Ich war damals ein gesunder junger Mann, wenn Sie verstehen, was ich meine. Nachts lief ich, bis aufs Blut gequält von den Dämonen unerfüllter Lust, durch die engen, regennassen Straßen der süddeutschen Universitätsstadt, die überragt wurden von gewaltigen Kirchtürmen aus dem späten Mittelalter. Hinter jeder Fensterscheibe glaubte ich die Anwesenheit eines beleibten, graubärtigen, sozusagen spätmittelalterlichen Psychoanalytikers zu spüren, der gerade eine der bezaubernden Studentinnen aus dem romanistischen Seminar auf Analytikerart analysierte, denn Romanistik war es ja, was ich studierte, weil ich nämlich den Numerus clausus für mein Wunschfach Psychologie um einen Zehntelpunkt oder eine einzige misslungene Mathematikaufgabe im Abitur verfehlt habe. Wie oft habe ich damals in meinen Träumen jene falsch gezogene Linie in der Geometrieaufgabe korrigiert; man bedenke, ein einziger Bleistiftstrich, der ein erotisch pralles Analytikerleben von der erotisch volatilen Existenz eines arbeitslosen Lehrers scheidet, der zu werden ich mich anschickte.

Seit jenen Tagen hege ich in meinem Unbewussten einen Groll gegen den Analytikerberuf. Das ist mir erst beim Schreiben dieses Textes bewusst geworden. Wahrscheinlich handelt es sich um eine Sonderform des Ödipuskomplexes. Beim Ödipuskomplex möchte man mit seiner Mutter schlafen und den Vater töten. Ich hingegen möchte mit den Patientinnen schlafen und den Analytiker töten. Wenn man aber mit Analytikern redet, bestreiten sie diese Sache einfach. Nennen wir diese Sache ruhig: »es«. Sie sagen, »es« sei ein Klischee, abgeschmackt, außerdem dürften sie »es« laut Ärztekammer gar nicht mit den Patientinnen tun. Ich sage dann: »Ihr Analytiker tut ›es‹ mit den Patientinnen so häufig, dass ihr es verdrängen müsst. Im Übrigen: Wo Es ist, soll Ich werden.« Daraufhin zeigen die Analytiker sich meist von ihrer schmallippigen und verstockten Seite.

Meine Jugend – verflogen, im Rausch, genau wie die ödipale Phase. Im Laufe der Jahre habe ich gelernt, dass man den Frauen einfach nur zuhören muss. Dies ist das Geheimnis der Analytiker! Sie schweigen, lassen der weiblichen Sexualität ihren Lauf und fragen lediglich hin und wieder: »Was genau haben Sie dabei empfunden?« Inzwischen halte ich es genauso. Das wenige, was ich zu sagen habe, schreibe ich auf.

# Über das Rauchen

Kolumnenschreiben kommt mir so banal vor. So sinnlos.

Müllwerker, Friseure, sogar Tätowierer haben sinnvollere Berufe, das, was sie tun, braucht man wirklich. Und sei es auch nur aus ästhetischen Gründen. Sicher, das gesellschaftliche Ansehen und das Einkommen solcher Berufe sind nicht hoch. Aber welches Ansehen hat ein Kolumnist? Er wird doch weder als Literat noch als Journalist wirklich ernst genommen. Er ist weder Fisch noch Fleisch – mein Gott, wie abgegriffen diese Formulierung klingt. Früher hätte ich das besser ausdrücken können. Frischer. Weder Boss noch Prada, weder Poldi noch Klose. Früher wäre mir so etwas gleich als Erstes eingefallen.

Irgendwann heißt es, der schreibt ganz nett, gebt ihm eine Kolumne. Das soll eine Auszeichnung sein, in Wirklichkeit ist man damit weg vom Fenster. »Weg vom Fenster« – my goodness, was für eine vernutzte Formulierung. Die dürft ihr mir vom Honorar abziehen.

Man kommt ja vor Kolumnenschreiben zu fast nichts anderem mehr. Früher habe ich über alles Mögliche geschrieben, das Universum, Gott, Sexualität, all die großen Themen; heute schreibe ich nur noch über mich selber, über mein ödes Leben, meine tristen Probleme, meine Allerweltsmeinungen und meine verdammte Befindlichkeit. Mit welchem Recht? Tausend andere haben mehr zu sagen als ich, sind intelligenter, gebildeter, differenzierter, sogar origineller.

Ich bin nicht interessant. Wenn ich in den Spiegel schaue, denke ich: Das ist kein interessanter Mann. Es ist amüsant, er unterhält, aber er hat keine Tiefe und keine Substanz. Ein wirklich interessanter Mann sieht anders aus.

Sicher, man wird gelobt, man bekommt Zuspruch. Ich jammere zu viel. Ich bin eben ein Jammerlappen. Das kommt von der ununterbrochenen Nabelschau, zu der dieser Beruf einen zwingt. »Nabelschau«! Ich bin so schlecht. »Nabelschau« war der Offenbarungseid. Die anderen Journalisten denken sowieso, dass ich ein eitler Nichtstuer bin. Aus Neid? Nein, um es auf den Neid zu schieben, bin ich letztlich doch zu intelligent. Die haben recht. Ich bin eitel. Ich bin ein Nichtstuer. Aber es ist auch die Gesellschaft, die mich dazu gemacht hat. Ihr habt doch selber zugelassen, dass solche Schmarotzer wie ich leichtes Spiel haben und mit ihren selbstreflexiven Verbalmasturbationen durchkommen. Ich habe es mir nicht ausgesucht. Als junger Mann wollte ich Tierarzt werden, Anwalt, Lehrer, etwas Sinnvolles und gut Bezahltes. Wissen Sie, was ein Anwalt für einen einzigen Brief bekommt? Wissen Sie, wie lange der Anwalt an dem Brief sitzt und wie lange ich an der Kolumne sitze? Aber es gab den Numerus clausus. Er war in Tiermedizin zu hoch. Für den Numerus clausus kann ich wirklich nichts. Schafft ihn ab, dann wird so etwas wie ich nie wieder vorkommen.

Jetzt zünde ich mir endlich eine Zigarette an. Ja. Das tue ich endlich. Oh. Wahnsinn. Es ist gut für die Kreativität. Es beruhigt, das ist wissenschaftlich erwiesen. Du stirbst, aber du regst dich wenigstens nicht so maßlos darüber auf wie all die anderen. De facto ist alles halb so schlimm. Ich bin der König der Welt. Ich bin ein Profi, wie Rudi Carrell.

Verstehen Sie? Nur aus Respekt vor dem Publikum habe ich immer wieder diese Rückfälle ins Rauchen.

# Über die Rolling Stones

Mein Arzt meint, ich leide unter Depressionen. Ich sagte: »Mein Job besteht darin, lustige Kolumnen zu schreiben. Geben Sie mir die rosa Pille. Give me daddy's little helper.« Der Arzt antwortete, Depressionen seien bei Humoristen die Berufskrankheit Nummer eins, ähnlich wie der Muskelfaserriss bei den Gewichthebern. Machen Sie Pause, sagte der Arzt. Tun Sie sich was Gutes. Essen Sie Obst, trinken Sie viel Wasser. Ich sagte, Ihr Ärzte verdient zu viel. Da war er sauer.

Ich fuhr ans Meer, zu Besuch, und ein Freund, der im Gesundheitsbusiness arbeitet, erzählte, dass der Bundespräsident den Hundertjährigen nicht mehr zum Geburtstag gratuliert. Dieser Brauch wurde abgeschafft. Es gibt inzwischen einfach zu viele Hundertjährige, eine Schwemme von Onehundredsomethings, die Arbeitsbelastung für den Präsidenten wäre zu groß. Ich sagte, hey, das gibt eine tolle Story in der Zeitung, ein Porträt des oder der ersten Hundertjährigen, dem oder der Horst Köhler nicht gratuliert hat. Ist er sauer? Wählt er aus Wut PDS? Was meinen all die anderen Hundertjährigen in der Stammkneipe? Der Freund sagte, na ja, jeder zweite Hundertjährige ist leider unzurechnungsfähig. Hundert ist ein Scheißalter. Nur die Pubertät ist noch schlimmer.

Am nächsten Tag habe ich ein Konzert der Rolling Stones

besucht. Statistisch gesehen kommt dieses Ereignis in meinem erwachsenen Leben genau alle sieben Jahre vor. Es war das fünfte Konzert. Bei unserem ersten Treffen, 1969 in der Frankfurter Messehalle, hat mir Mick Jagger einen Eimer Wasser über den Kopf geschüttet, weil ich in der ersten Reihe stand und weil er damit künstlerisch etwas ausdrücken wollte. Ich war zu jung, um zu begreifen, was.

Was ich an den Rolling Stones faszinierend finde, ist die Tatsache, dass sie sich nie angebiedert haben. Sie haben nie gesteigerten Wert darauf gelegt, dass man sie für sympathisch hält. Nicht, dass ich etwas gegen sympathische Menschen hätte. Es kommt nicht auf die Eigenschaft an, sondern auf das forcierte Vorzeigen. Die Rolling Stones sind ein Beweis dafür, dass man es im Leben auch dann zu etwas bringen kann, wenn man ohne das ganze andere Brimborium einfach das macht, was man kann und gerne tut, sich nicht verstellt und ansonsten den lieben Gott einen guten Mann sein lässt, denn das kann ER zweifellos am besten.

Vor dem Lied »Angie« sagte Mick Jagger auf Deutsch: »Dies Lied ist über ein deutsche Mädchen.« Die Lieder »Satisfaction« und »Sympathy for the Devil« brachten sie langsamer und softer als üblich, »You can't always get what you want« spielten sie dafür schneller, damit die Leute mitklatschen konnten, was sie dann auch taten. Mick Jagger rief: »Ihr seid eine wunderbar Publikum!« Ich dachte: Das ist ja furchtbar. Ich will meinen Eimer Wasser.

1969 war Mick Jagger vermutlich auf Heroin. Jetzt lebt er so gesund wie einst Leni Riefenstahl. Er will hundert werden. Es geht ihm gut, er isst viel Obst. Alle mögen ihn. Nur ich mag ihn nicht mehr. Und der Bundespräsident wird ihm auch nicht gratulieren.

# Über *Schindlers Liste*

Ende Januar war ein Gedenktag. Meinem heranwachsenden Sohn wollte ich in diesem Zusammenhang den Film *Schindlers Liste* zeigen. Dabei spielte sich folgender Dialog ab.

»Ich will *Schindlers Liste* nicht sehen.«

»Warum? *Schindlers Liste* ist von Steven Spielberg. Du kennst Steven Spielberg. Du hast bisher alle seine Filme gemocht. Denk an Indiana Jones!« Das war Werbung. Vergleiche in der Werbung müssen nicht hundertprozentig stimmen. Dazu gibt es Musterurteile.

Der Heranwachsende: »Das Thema von dem Film da interessiert mich nicht.«

»Der Film *Das Leben ist schön* handelt vom gleichen Thema, und der hat dir sehr gut gefallen, oder etwa nicht?«

»Doch. Schon.«

Mein heranwachsender Sohn ist eher der wortkarge Typ. »Also, was stört dich an *Schindlers Liste*?«

»Der Film ist zu hart.«

Das gab mir zu denken. »Hart, zugegeben, aber er ist immerhin frei ab zwölf. Woher willst du wissen, dass er zu hart ist, wenn du ihn nicht gesehen hast?«

»Ich will ihn nicht sehen.«

Da dachte ich, vielleicht hat er recht. Andererseits, *Herr der Ringe* fand ich hart, ihm hat *Herr der Ringe* nichts ausgemacht. Offenbar kann man in dem Alter schon recht genau zwischen fiktiver und historischer Gewalt unterscheiden. Auf jeden Fall wollte ich den echten Grund wissen, denn dass ihn das Thema grundsätzlich nicht interessiert, darf einfach nicht wahr sein.

Er: »In der Schule zeigen sie *Schindlers Liste*. Nächstes Jahr.«

Da dachte ich, wenn es Schulstoff ist, verstehe ich das. Filme, die in der Schule laufen, hätte ich mir in der Pubertät auch nicht freiwillig angeschaut.

Dann las ich die Zeitungen. In den meisten Zeitungen stand über den Gedenktag ein Kitsch, den man wahrscheinlich zu keinem anderen Thema gedruckt hätte. Ich frage mich, was das nützen soll. Viele denken, Kitsch ist gut gemeint, folglich human. Ich halte das für einen Irrtum.

Einige Autoren fingen damit an, dass sie betonten, das Thema sei eigentlich so schrecklich, man könne darüber gar nicht reden. Mehrmals fiel in Artikeln das Wort »unsagbar«. Aber dann redeten sie natürlich trotzdem. Wenn ich Chefredakteur oder Intendant wäre, würde ich an so einem Tag einfach mal keinen Artikel und keine Sendung bringen, stattdessen eine weiße Fläche auf der ersten Seite oder im Fernsehen eine Stunde Schwarzfilm. Vielleicht könnte man irgendwo am Rand ein kleines Kästchen drucken, in dem sinngemäß steht: »Heute ist der Gedenktag, wir haben dazu seit Jahren gesagt, was zu sagen notwendig war, und möchten nun weder das Unsagbare sagen noch uns wiederholen, aber doch auf den Tag hinweisen.«

Ein gleichaltriger Freund des Heranwachsenden kam zu

Besuch. Er sagte zu meinem Sohn: »Schindlers Liste ist echt hart. Aber gar nichts gegen den Anfang von *Der Soldat James Ryan*! Der Anfang von *James Ryan* ist das Allerhärteste.«

Wir haben uns dann eine deutsche Komödie angeschaut, in der ein Rabbi vorkam, der aus Versehen Ecstasy geschluckt hatte.

# Über Schule

Das Kind ist schulpflichtig. Gymnasium, altsprachlich. Es gab Probleme. Die Probleme waren disziplinarischer Natur. Lehrer erklärten öffentlich: »Diese Klasse ist die schlimmste Klasse, die wir haben. Die schlimmste Klasse der ganzen Schule.«

Ich, zu meiner Zeit, bin ebenfalls in der schlimmsten Klasse der ganzen Schule gewesen. Daran erinnere ich mich genau. In der letzten Zeit habe ich angefangen, Freunde und Bekannte zu fragen. Schätzungsweise 75 Prozent der Personen, die meinen Lebensweg in den vergangenen Monaten gekreuzt haben, sind in ihrer Schulzeit ebenfalls in der schlimmsten Klasse des jeweiligen Bildungsinstitutes gewesen.

Nach dem Ende meiner Schulzeit war ich auf der Universität, dort habe ich unter anderem ein Proseminar mit dem Titel »Einführung in das wissenschaftliche Arbeiten« besucht. Deswegen weiß ich, dass meine Umfrage keinen Beweis im streng wissenschaftlichen Sinn darstellt. Es könnte sein, dass ich, als ehemaliger Unruhestifter, unbewusst die Nähe anderer Personen suche, die ebenfalls ehemalige Unruhestifter sind. Es könnte sich natürlich auch um einen Regionalismus handeln. Möglicherweise sammeln sich ausgerechnet in den Berliner Bezirken Charlottenburg, Tiergarten, Kreuzberg und Mitte, in denen ich mich am häufigsten aufhalte, diejenigen Personen, die in ihrer Schulzeit in den schlimmsten Klassen ihrer jeweiligen Schule waren dies wiederum könnte mit den Erdstrahlen oder den Sonnenflecken oder der SPD-Politik zusammenhängen. Oder aber ich beeinflusse durch den suggestiven Tonfall meiner Frage das Ergebnis.

Daraufhin habe ich meine Forschungen systematischer angelegt. Die Leute, die ich gefragt habe, fragten ihrerseits auch wieder Leute. Ich habe versucht, sowohl Gymnasiums- als auch Real- und Hauptschulklassen zu berücksichtigen, und habe mich in andere Milieus begeben. Zum Beispiel habe ich die deutsch-türkischen Männer gefragt, die bei uns das Treppenhaus sauber machen, den Trainer in der Fitnesslounge und den alten Mann aus dem Zeitungsladen. Das Kind ist auf meinen Auftrag hin in die Parallelklassen gegangen. Es sind drei Parallelklassen, von denen zwei von ihren Lehrern zu hören bekommen, sie seien in puncto Disziplin die schlimmste Klasse der Schule. Zu der dritten, der nichtschlimmsten Klasse aber sagen sie: »Ihr könntet ruhig ein bisschen lebhafter sein, Kinder, und euch öfter melden.«

Ich habe einen Mythos oder eine moderne Legende entdeckt. 70 bis 80 Prozent der männlichen Deutschen wachsen in dem Bewusstsein auf, zu einer Gruppe von außergewöhnlich rabiaten Rüpeln zu gehören, den schlimmsten Schülern. Sogar der total softe Fitnesstrainer! So, wie in den Waschmaschinen der Welt jedes Jahr auf geheimnisvolle Weise Millionen von Herrensocken verschwinden, verschwinden aus dem Bewusstsein der deutschen Lehrer Millionen von Schülern, die nicht außergewöhnlich schlimm sind. Was dies für die Psyche unseres ohnehin von Minderwertigkeitsgefühlen nicht ganz freien Volkes bedeutet, mögen die Herren Wolfgang Schmidbauer, Hans-Joachim Maaz und Klaus Theweleit entscheiden.

# Über die Schulter

Seit einigen Wochen habe ich Schulterprobleme. Bis zu dem Moment, als die Schultern anfingen, wehzutun, ist mir überhaupt nicht bewusst gewesen, dass ich Schultern besitze. Mein Körper ist wie mein altes Auto. Die einzelnen Teile werden einem immer erst dann bewusst, wenn sie kaputt sind. Die Schultern taten am Anfang nur nachts weh. Jede Nacht wachte ich mit dem gleichen Gedanken auf. Er lautet: »Oh. Die Schulter tut weh.«

Es kommt sicher vom Schreiben. Verschleiß. Fünfunddreißig Jahre Glossen und Kolumnen. Ich habe alles gegeben für diesen Beruf.

Der Orthopäde hat mich zum Radiologen geschickt. Dort wurde ich zur Durchleuchtung in eine Röhre geschoben. Interessanterweise ist es im Inneren der Röhre extrem laut, man muss zum Schutz einen Kopfhörer tragen. Der Körper wird mit extremen Schallwellen beschossen. Der Radiologe war *ZEIT*-Leser, er fragte: »Haben Sie eigentlich noch das alte Boot?« Nach einem Blick auf die Fotos sagte er, dass meine Schultern total entzündet seien sowie innerlich voller Kalk, und er verwendete die Formulierung »schwerwiegender Befund«. Er meinte, dass ich Cortison kriegen und vielleicht operiert werden würde. Nur Pferden gibt man den Gnadenschuss. Aber er wolle dem Kollegen nicht vorgreifen.

Der Orthopäde schaute sich am nächsten Tag die Fotos ebenfalls kurz an und meinte, das sei alterstypisch und kaum der Rede wert. Ich solle Schmerztabletten schlucken und sechsmal zur Krankengymnastin.

Wahrscheinlich müsste ich eine dritte Meinung einholen, aber ich habe zu viel um die Ohren. Noch stehe ich mitten im Leben. Bei der Krankengymnastin habe ich sofort angerufen und einen Gymnastiktermin bekommen; aber die Krankengymnastin wurde krank, und die Gymnastik fiel aus. Inzwischen tun die Schultern auch tagsüber weh, ich kann die Arme nicht mehr richtig bewegen. Ich bin der Autor, der seine Arme nicht bewegen kann. Das ist so etwas Ähnliches wie ein blinder Fotograf. Angeblich gibt es wirklich einen blinden Fotografen, er soll gut sein. Er hat einen ganz eigenen Stil.

Die Redakteure sagten, ich solle während der Berliner Filmfestspiele für *ZEIT online* ein Videotagebuch führen. Sie kamen zu zweit in mein Büro und erklärten mir die Kamera. Junge, starke, blühende Männer. Als sie gegangen waren, merkte ich, dass ich die Kamera mit dem rechten Arm nicht heben kann. Es gibt einen Western mit John Wayne, in dem er ebenfalls nur noch den linken Arm zur Verfügung hat, er heißt, glaube ich, *El Dorado*. Einige Jahre nach diesem Film ist John Wayne gestorben. Sein letzter Film hieß: *Der letzte Scharfschütze*. Aber das muss nichts heißen.

Ich übe mit der Kamera. Meistens zeigen die Bilder unscharf den Fußboden, weil ich die Kamera nicht hochkriege, auch nicht mehr mit links. Ich werde eine unverwechselbare Bildsprache haben, wie der blinde Fotograf. Aber ich bin nicht verbittert. Ich fühle mich wie diese vierzigjährigen Torhüter mit zehnfach gebrochenen Fingern. Jeden Morgen fällt das Aufstehen schwerer, ich versteinere langsam. Aber dann schaue ich in den Spiegel und sage mir: »Ich bin der letzte Scharfschütze von El Dorado.«

# Über die Schulter (Teil 2)

Ein Kolumnist, der schon betagt war, aber, seiner Ansicht nach, immer noch rüstig und auf den Quivive, schrieb viele Jahre lang eine Kolumne. Er schrieb sie in einem Ressort einer Wochenzeitung, das intern als »für junge Leute gemacht« galt. Manchmal sah er die Redakteure, Menschen in der Blüte ihrer Jahre; in einigen Fällen hätte der Kolumnist sogar eher von einer »Knospe« als einer »Blüte« gesprochen.

Ich könnte der Vater dieser munteren Schar sein, dachte der alte Kolumnist gutmütig, und, heimlich in seinen Bart hineinschmunzelnd und seiner eigenen, verwegenen Jugendjahre gedenkend, wer weiß, vielleicht bin ich es in einigen Fällen sogar.

Die Leser schienen zu mögen, was er tat, wenigstens ausreichend viele von ihnen, um in den kraftstrotzenden, prächtigen jungen Redakteuren den Gedanken nicht aufkommen zu lassen, den manchmal schon ein wenig verwirrten Kolumnisten vom Tische zu scheuchen, ihn auf das Ofenbänklein zu tun und ihm ein Holzschüsselchen in die Hand zu drücken wie dem Alten im Märchen. Er schrieb über die kleinen Niederlagen des Lebens und über die großen Verbrechen der Geschichte, über die Wunder des Alltags und die Wunden der Liebe, immer öfter aber schrieb er über den Verfall seines Körpers, und wenn er sich im Spiegel besah, das faltig-faulige Fleisch, die gelben, sich rollenden Fußnägel, die langsam hinabrieselnden Haare und Zähne, dann wurde dem guten Alten gar nicht weh oder bang, denn er sah nicht nur Verfall, er sah auch einen Stoff, er sah neues literarisches Leben, wie es aus der Ruine seines Körpers spross.

Wegen eines Schmerzes in der Schulter konnte er den rechten Arm nicht mehr heben. Eines Tages schrieb er über sein Schulterproblem.

Nie zuvor hatte er so viele Briefe bekommen – in all den Jahren! Nun habe ich über das Erdbeben in Lissabon geschrieben, dachte der alte Kolumnist, über den Fall von Konstantinopel und die Affäre Mata Hari, nichts davon aber scheint die Menschen so zu bewegen wie ein Schulterproblem. Die Menschen? Nein, ausschließlich waren es Männer zwischen sechzig und neunzig Jahren, die schrieben, alle mit Schulterproblemen und Ratschlägen. So lernte der alte Kolumnist noch einmal einen neuen Blick auf die Welt. Nicht nur, dass der »für die Jugend gemachte« Teil der Zeitung in Wahrheit von Tausenden älterer Herren gelesen wurde, wie er selbst einer war, es gehörte insgeheim das Schulterproblem zum Lebenslauf des Mannes, gerade so wie das Rückenproblem. Da draußen stand ein Millionenheer der Schulterkranken und pochte, mit dem etwas besseren Arm, mühsam an die Tür.

Die SPD müsste Schulterkrankenpartei Deutschlands heißen, dann ging's mit ihr bergauf, dachte der Kolumnist, unter Schmerzen schmunzelnd. Ich müsste, wie andere Kolumnisten immer mit ihrem Kühlschrank reden, immer wieder das Schulterthema spielen, sprach's und ging zu Kristina, seiner Krankengymnastin, die groß und breitschultrig war wie die meisten wichtigen Frauen seines Lebens und die jetzt wie ein stählerner Quirl in den mürben Teig seiner Schulter hineinfahren würde, eine leichte Tendenz zur Besserung bewirkend.

# Über Sekretärinnen

Sekretärinnen? Ich soll was über Sekretärinnen schreiben? Echt? Wieso? Macht ihr jetzt der Reihe nach alle Berufe durch? Okay. Warum nicht.

Ich kannte mal eine Sekretärin. Nein, ich war nicht mit ihr zusammen. Sie war meine Sekretärin. Wenn ich morgens ins Büro kam, habe ich Guten Morgen gesagt. Sie hat den Gruß nur erwidert, wenn sie gut drauf war. Ansonsten hat sie durch mich hindurchgeschaut. Das hat mich belastet. Jawohl, so was belastet mich.

Wenn ich schreiben musste, habe ich mein Telefon ausgeschaltet. Es tut mir sehr leid, aber ich kann nicht gleichzeitig schreiben und telefonieren. Dann liefen die Gespräche automatisch im Sekretariat auf. Immer wenn jemand für mich anrief, kam die Sekretärin in mein Büro und sagte zum Beispiel vorwurfsvoll: »Die Akademie der Künste hat für Sie angerufen, aber Sie gehen nicht ans Telefon.« Ich antwortete: »Ich bin grad am Schreiben, fragen Sie bitte, worum es geht, notieren Sie die Nummer, ich rufe zurück.« Die Sekretärin knallte die Tür zu.

Fünf Minuten später kam sie wieder ins Büro und sagte mit aggressiver Stimme: »Die Akademie der Künste hat schon wieder angerufen, es ist dringend. Warum gehen Sie nicht ans Telefon?« Ich rief die Akademie an. Sie überprüften gerade ihren Postverteiler und wollten wissen, ob meine Adresse sich geändert hat. Ich ging zu der Sekretärin und sagte, dass ich einen Leitartikel über die Lösung der wichtigsten Weltprobleme schreiben muss und noch vierzig Minuten Zeit habe. Wenn jemand anruft, solle sie meinetwegen sagen, dass ich gestorben sei. Die Sekretärin schrie: »Für Leute wie euch sind wir Sekretärinnen nur Schmutz.« Dann fing sie an zu weinen. Ich sagte, nein, um Gottes willen, tut mir leid, und tröstete sie. Ich fragte sie, wie der letzte Urlaub war. In Wirklichkeit hätte ich die Sekretärin am liebsten umgebracht.

Nach ein paar Minuten schluchzte sie nur noch. Da bin ich schnell zurück zu dem Leitartikel. Die Tür ging auf, die Sekretärin kam herein, völlig ruhig, keine Spur mehr von dem Nervenzusammenbruch gerade eben, und sagte: »Der Betriebsrat sammelt für die Abschiedsfeier von Hauptredakteur Heimlich. Wie viel geben Sie?« Ich habe sie angeschrien. Das gebe ich zu. Sie hat zurückgeschrien: »Sie sind kein Mensch. Sie nicht. Hauptredakteur Heimlich ist ganz anders als Sie.« Hinter ihr habe ich die Tür abgeschlossen. Sie hat alle zwei Minuten an der Tür gerüttelt. Dann musste ich zur Toilette. Die Sekretärin stand vor der Tür. Sie war sehr verärgert. »Ich wusste, dass Sie im Büro sind! Ich wusste es!«

Eine Freundin sagt: »Für Männer sind Sekretärinnen Ersatzmütter. Die lassen sich betütteln. In modernen Partnerschaften werden sie ja nicht mehr betüttelt. Manche Sekretärinnen genießen das sogar.« Ich sagte: »Es gibt auch den Typus der strafenden, der kastrierenden und der bösen Mutter.«

Damals habe ich übrigens gelernt, unter extremen Bedingungen zu arbeiten, deswegen liefere ich Woche für Woche zu jedem gewünschten Thema eine Kolumne, auch wenn es Steine regnet. Alles hat sein Gutes. Das ist meine Philosophie.

Und jetzt? Kommen jetzt die Krankengymnastinnen dran? Ich kannte auch mal eine Krankengymnastin.

# Über Sexismus, Rassismus und Chauvinismus

Diesmal setze ich mich unter Anwendung der journalistischen Methode »teilnehmende Beobachtung« mit dem Ausstellungswesen in Deutschland sowie dem Rassismus in Mecklenburg-Vorpommern auseinander. Ich bin nämlich Teil einer Ausstellung gewesen sowie Teil des Problems »Rassismus in Mecklenburg-Vorpommern«.

Als Arafat noch lebte, aber schon krank war, sagten sie im Büro: »Schreib was über das Palästinensertuch und den Mythos Arafat.« Ich sagte: »Gut.« In dem Artikel stand, dass Arafat, der, wie gesagt, damals noch lebte, meiner Ansicht nach eine Karikatur von Che Guevara sei. Er wäre in seiner Selbstinszenierung gerne wie Che Guevara rübergekommen, aber das funktioniere nicht, unter anderem deshalb, weil er zu klein und dick dazu sei. Das ist, als ob Danny de Vito versuchen würde, Indiana Jones zu spielen. Dann dachte ich, wenn du gerade dabei bist, Revolutionsikonen runterzumachen, nimm Che Guevara gleich mit. Also schrieb ich: »Wenn Che Guevara gesiegt hätte, dann hätte er mit neunzigprozentiger Wahrscheinlichkeit ein Terrorregime errichtet.«

Ein paar Tage später kam ein Brief von einer Frau. Das, was ich über Arafat und Che Guevara geschrieben hätte, sei rassistisch, rechtsradikal, konservativ-nationalistisch, chauvinistisch, sexistisch, antisemitisch und autoritär-nationalistisch. Begründung: Ich würde die kleinen Dicken verächtlich machen.

Ich verstehe nicht, wieso es für einen Menschen dermaßen herabsetzend ist, wenn er nicht einem gescheiterten Revolutionär ähnlich sieht, sondern einem Superstar und Multimillionär. Ich habe gar nicht verstanden, wieso das antisemitisch sein soll beziehungsweise sexistisch. Arafat war doch gar keine Frau, wahrscheinlich nicht einmal Jude. Ähnliches gilt für Che Guevara. Und nicht etwa Juden oder Frauen sind generell für Kleinsein und Dicksein berühmt, sondern die Rheinländer, wie man an Dirk Bach sieht, an Reiner Calmund oder an Hella von Sinnen.

Jedenfalls schrieb die Frau, sie sei Kuratorin der Ausstellung »Labyrinth X – Rassismus und Ausgrenzung in Mecklenburg-Vorpommern« und nehme sich die Freiheit, meinen Artikel in ihrer Ausstellung zu verwenden, zum Beweis dafür, wie rassistisch die Medien sind. Ich habe recherchiert. Die Ausstellung wurde von genau dieser Frau in der Stadthalle Ludwigslust eröffnet; das ist in der Nähe von Schwerin. Zur Eröffnung hielt die Frau eine Rede. Sie sagte: »Wir wollen Denkanstöße geben.« Ich bin ein Denkanstoß. Die Ausstellung mit meinem Artikel wird sogar vom mecklenburgischen Landesrat für Kriminalitätsvorbeugung finanziell gefördert. Dabei war ich so gut wie nie in Mecklenburg-Vorpommern. Ich habe mal Urlaub auf Hiddensee gemacht, mich aber in dieser Zeit mit keiner Silbe politisch geäußert und war auch nicht kriminell dort. Arafat war überhaupt niemals auf Hiddensee. Wie, um alles in der Welt, können ausgerechnet Arafat und ich ein

Beweis für den Rassismus in Mecklenburg-Vorpommern sein?

In das deutsche Ausstellungswesen habe ich jegliches Vertrauen verloren. Allerdings sagte die Frau in ihrer Eröffnungsrede auch den Satz: »Die Rechtsradikalen werden immer jünger.« Das fand ich nun wieder charmant.

# Über Spanien

Italien ist mir zu hektisch. Wenn Italien ein Mensch wäre, dann wäre es Thomas Gottschalk. Womöglich sogar Lisa Fitz. Ich bin hispanophil.

Spanien hat etwas leicht Depressives und dabei angenehm Entspanntes, wie Bill Murray oder Österreich-Ungarn. Ich finde, man merkt, ob ein Land in den letzten tausend Jahren wirklich mal eine Supermacht war, wie Spanien, oder es, wie Italien, immer nur versucht hat. Niedergang macht lässig, Frustration macht hibbelig.

Jedes Jahr gehe ich in Spanien tauchen; da braucht man jedes Jahr eine neue Tauchtauglichkeitsbescheinigung. Der Arzt schaut einem in die Ohren hinein und fragt, ob man im letzten Jahr einen Hirnschlag hatte; das ist es auch schon im Wesentlichen. Das Trommelfell darf kein Loch haben. Durch ein Loch würde Salzwasser eindringen, die Hirnschale würde gluckernd voll Salzwasser laufen, auch ein paar kleine Fische könnten durchschlüpfen. Bei meiner ersten Kolumne nach dem Urlaub würden die Redakteure sagen: »Er probiert den Dadaismus aus. Im Subtext gluckert es. Interessant! Salz auf unserer Haut!« Bei der zweiten Kolumne würden sie merken, dass ich Tauchunfallopfer bin.

Jedes Jahr gehe ich zu Dr. Luis Antonio Mendoza de Peligro, damit er mir in die Ohren schaut. Dr. Mendoza hat eine kleine Praxis an einer staubigen Straße. Anfangs war er ein recht gut aussehender Mann. Jedes Jahr aber ist Don Luis ein paar Kilo schwerer geworden und sein Haarkranz ein wenig schütterer. Don Luis ist mein Zeitbarometer. Während er versonnen in meine Ohren schaut, denke ich: »Carpe diem. Sic transit gloria mundi.«

Die Ehefrau von Doktor Mendoza ist Deutsche. Sie sitzt an einem Schreibtisch im Wartezimmer. Die Tür zum Behandlungszimmer geht auf, Don Luis verabschiedet den Patienten, die Ehefrau erhebt sich, geleitet den Patienten oder die Patientin zum Ausgang, setzt sich wieder an den Schreibtisch und wartet, bis ihr Mann von innen ein Signal gibt. Der Nächste, bitte. Sie passt auf, dass niemand sich vordrängelt.

In den ersten Jahren fiel mir auf, dass ihre Hand zitterte, wenn sie sich die Lippen nachzog. Später merkte ich, dass sie beim Laufen leicht schwankte. Auch ihre Aussprache wurde undeutlicher. Die Frau des Doktors hat eine Krankheit, die der Doktor nicht heilen kann.

In diesem Jahr war der Platz hinter dem Schreibtisch im Wartezimmer leer. Auf dem Schreibtisch befand sich ein Notizblock, auf dessen Seiten eine zittrige Hand Wartenummern geschrieben hatte. Die »1« lag immer noch oben. Die Patienten scherten sich nicht darum. Im Wartezimmer waren außer mir nur Einheimische, im Herbst kommen nicht viele Deutsche. Eine ältere Frau sagte zu einem Mann: »Die Frau des Doktors ist zur Entziehung in Deutschland, zum dritten Mal, aber das wird nichts.« Die Frau, eine Spanierin, sagte: »Bei uns wirst du in der Klinik einfach eingeschlossen und bekommst nichts mehr zu trinken. Du heulst den Mond an, wie die Hunde es tun, aber nach ein paar Wochen bist du trocken. In Deutschland reden sie in der Klinik über deine Probleme. Sie essen Trennkost! Das wird nichts. Don Luis hat einfach nicht das Herz, seine Frau in eine spanische Klinik zu schicken. Er ist zu gut. Das Gute an ihm ist schlecht für sie.«

Dann öffnete sich die Tür zum Behandlungszimmer. Doktor Mendoza ist grau geworden.

# Über Tango

Vor dem Hotel, in dem die argentinische Fußballmannschaft wohnte, standen Fans und Journalisten. Am Auffälligsten war ein kleiner, dünner Mann in einem dunklen Anzug mit Krawatte und weißem Hemd. Die Haare waren lang und weiß, er trug ein dünnes Oberlippenbärtchen; man sagt, glaube ich, »Menjoubärtchen« dazu. Er spielte Tango, auf einem mit Klebebändern geflickten Bandoneon. Das war José Orti.

José Orti war nie in Deutschland gewesen. Er sprach Spanisch, sonst nichts. »Ich bin der Maradona des Bandoneons«, sagte er und zog einen Zeitungsartikel aus den achtziger Jahren aus seiner Brusttasche. Eine argentinische Zeitung hat ihm damals diesen Titel verliehen. Er sei achtundsiebzig Jahre alt und stamme aus Rosario, wie Che Guevara, el Che, den er in seiner Kindheit gut gekannt habe. Der Che und er seien etwa gleichaltrig. Der kleine Che sei wegen seines Asthmas mit den Eltern nach Alta Gracia gezogen, wo er eine Kinderbande angeführt habe. José Orti bat zwei Journalisten, sich hinter ihm aufzustellen und eine argentinische Flagge zu halten, auf die jemand die Worte »El Maradona del Bandoneon« aufgenäht hatte. Die Journalisten lachten, eigentlich hatten sie keine Zeit. José Orti wollte ins Fernsehen. Die Fernsehteams weigerten sich. Ein Kameramann sagte: »Tango ist zu klischeemäßig.«

Orti hatte einen abgewetzten Bandoneonkoffer dabei, der auf ein Tragegestell geschnallt war, sonst nichts. Als er das Bandoneon einpackte, sah ich, dass in dem Koffer außerdem zwei sauber zusammengefaltete Hemden und Unterwäsche enthalten waren. Er fragte, ob wir uns ein Taxi teilen und ob ich übersetzen würde. Zu dem Taxifahrer sagte er: »Bringen Sie mich in irgendeine billige Pension.« Der Taxifahrer erklärte José Orti, dass es in Herzogenaurach keine billige Pension gibt und wenn es eine gäbe, wäre sie ausgebucht. »Dann das Nachbardorf«, antwortete Orti. Der Taxifahrer sagte, dass in der ganzen Gegend das, was José Orti sich vorstelle, nicht vorhanden sei. Orti strich mit den Fingern über sein Bärtchen. Er wirkte, aus der Nähe betrachtet, sehr gebrechlich, er hatte gelbe Zähne. »Dann der Bahnhof«, sagte er.

Auf der Fahrt erzählte er, in einem Akzent, den ich kaum verstehen konnte, über den Che. Am Bahnhof stieg er umständlich aus und bat, ihm eine Karte nach München zu kaufen. »München wird so ähnlich sein wie Buenos Aires«, sagte er. Er zog einen vielfach gefalteten, fleckigen Zettel aus der Brusttasche und bat mich, mit dem Handy die Nummer anzurufen, die auf dem Zettel stand. Niemand meldete sich. »Diese Telefone sind unzuverlässig«, sagte José Orti. »Wir brauchen ein richtiges Telefon.« Nach einiger Suche fanden wir eine Zelle. Tatsächlich meldete sich diesmal ein Mann. Orti bat mich, mit ihm zu reden. Ich merkte, dass er schwerhörig war. Der Mann war überrascht. José Orti sei ein Onkel, den er lange nicht gesehen habe, er werde ihn um Mitternacht am Bahnhof abholen.

Orti wischte sich mit einem Taschentuch den Schweiß ab und öffnete seinen Koffer. Er zog eine vergilbte Musikkassette heraus, signierte sie mit zittrigen Buchstaben und gab sie mir. Dann ging er davon, vorsichtig einen Fuß vor den anderen setzend, um nicht zu stürzen.

# Über Testosteron

Ich hatte über ein Buch geschrieben. Das Buch stammt vom Kulturchef des *Spiegel*, es fordert die Deutschen auf, patriotisch zu sein. In dem Buch sind zahlreiche Fehler enthalten. Ich mache auch Fehler, aber nicht so viele, glaube ich. Na gut, ich bin ja auch kein Kulturchef. Meine Kritik war eher negativ.

Der Kulturchef rief an. Er war wütend. Er sagte: »Wie können Sie behaupten, dass ich in meinem Buch den Nationalismus gut finde?« Ich antwortete: »In Ihrem Buch steht auf Seite 23: Nationalismus ist kein Schimpfwort mehr, sondern es drückt das notwendige Selbstinteresse eines Landes aus.« Daraufhin sagte er, na gut, das sei missverständlich formuliert und könne von böswilligen Menschen vielleicht so ausgelegt werden, als halte er Nationalismus für etwas Notwendiges. Aber das Gegenteil sei der Fall.

Dann gab der Kulturchef ein Interview in der *Netzeitung*. In dem Interview sagte er, ich sei ein Schwindler, ein politisch korrekter Affe, ein Troglodyt, eine mexikanische Wüstenpalme, und ich würde einen Schnauzbart tragen, was auch wieder nicht stimmt. Was ein Troglodyt ist, weiß ich nicht, vielleicht hat er in dieser Hinsicht recht und ich bin das. Außerdem sagte er, dass ich sein Buch nur deswegen negativ beurteile, weil ich ihn vor zehn Jahren in einem Artikel mit dem Musikkritiker Diedrich Diederichsen verwechselt hätte, dafür hätte ich mich entschuldigen müssen, und das würde mich bis heute wurmen.

Ich schwöre beim Leben all meiner Lieben, dass ich mich an diesen Vorfall nicht erinnere. Möglicherweise verwechselt mich der Kulturchef seinerseits mit jemand anderem. Ich habe ihn vor Jahren mal im »Café Einstein« getroffen, er ist nicht unsympathisch. Dann habe ich über mich selber nachgedacht. Ich dachte, der Kulturchef des *Spiegel* nimmt an, dass ich, weil ich mich angeblich vor zehn Jahren bei ihm entschuldigen musste, ihn zehn Jahre lang observiere, zehn Jahre lang auf Rache sinne und in seinem Werk zehn Jahre lang nach Fehlern suche, das heißt, entweder findet er selbst es normal, sich nach zehn Jahren wegen eines belanglosen Vorfalls zu rächen, oder er hält mich für einen Menschen, dessen Rachsucht und Bosheit an eine gefährliche Geisteskrankheit grenzen. Diese Krankheit heißt offenbar Troglodysmus. Ich wirke auf andere Menschen bösartiger, als ich es beabsichtige.

Wenn ich mich rächen wollte, würde ich dem Kulturchef wahrscheinlich die Frau ausspannen oder sogar den Job. Ich finde, wenn man mit jemandem ein Hühnchen zu rupfen hat, sollte man nicht negativ über seine Bücher schreiben. Die Leser denken, dass man sich Gedanken gemacht hat, in Wirklichkeit möchte man sich rächen. Ich merke aber, dass es fast immer passiert. Freunde loben Freunde, Feinde schmähen Feinde, Seilschaften loben sich gegenseitig, und das Ganze nennt sich Kulturjournalismus, nicht überall, aber vielerorts. Statt sogenannter Kritiken sollte man Beziehungsgeflechte abdrucken, daraus ergibt sich automatisch, wer welches Buch gut oder schlecht findet. Auf dieses hohe moralische Ross kann ich mich selbstverständlich nur deswegen setzen, weil ich mich, vielleicht aus Testosteronmangel, für die Rolle des nachdenklich amüsierten Beobachters der deutschen Gesellschaft entschieden habe.

# Über Trends

Ich war wieder einmal bei Karstadt. Ich wollte ein Zwiebeltöpfchen kaufen. Das alte Zwiebeltöpfchen war hingefallen, es war zerbrochen. Ich war unachtsam gewesen mit meinem Zwiebeltöpfchen.

Solch ein Töpfchen besteht aus Ton oder Porzellan und hat einige wenige Löcher. Der Sinn ist, dass die Zwiebel es schön dunkel hat. Dann keimt sie nicht so schnell und hält länger. Sie hat es aber auch schön luftig, deswegen die Löcher, damit sie gesund bleibt. Man könnte die Zwiebel in den Kühlschrank tun, gewiss, aber aus einem Grund, den ich vergessen habe, gefällt es der Zwiebel nicht im Kühlschrank und sie beginnt, schlecht gelaunt zu schmecken.

Bei Karstadt im Erdgeschoss sagte eine Frau: »Zwiebeltöpfchen, Haushaltwaren, dritter Stock.« Im dritten Stock sprach ich eine Verkäuferin an. Die Verkäuferin sagte: »Wir führen keine Zwiebeltöpfchen mehr. Der Hersteller hat die Produktion eingestellt. Weil, es ist kein Trendartikel.«

Ich war aufgebracht. Ich sagte: »Wieso muss es denn dazu einen verfluchten Trend geben? Dass ein Zwiebelesser ein Zwiebeltöpfchen braucht, ist offensichtlich und bedarf keiner historischen Entschuldigung oder pseudomodischen

Begründung. Fensterrahmen, Blumenvasen und Klobrillen werden ebenfalls hergestellt, obwohl sie keine Trendartikel sind. Nein, stopp – noch! Noch werden sie hergestellt! Muss ich als Nächstes womöglich meine Schnittblumen in eine original italienische Pastamaschine hineinstellen, durch einen Trüffelhobel hindurch aus dem Fenster schauen und meine Notdurft in ein Latte-macchiato-Glas verrichten?« Ich war wirklich sehr aufgebracht. Ich wunderte mich aber auch darüber, dass es die Zwiebeltöpfchen angeblich einmal geschafft hatten, Trendartikel zu sein. Ich wunderte mich, dass es angeblich eine Zeit gegeben hat, in welcher die schönen jungen Menschen von Berlin-Mitte auf dem Weg in ihre Internet-Flirt-Cafés und ihre Yoga-Saft-Bars Zwiebeltöpfchen mit sich getragen haben; in dieser Zeit hätte ich mich gefühlt wie Papa Hemingway in Paris, ein Autor im Einklang mit seiner Epoche.

Die Verkäuferin sagte traurig: »Wir sind froh, dass wir wenigstens noch mal Rumtöpfe geliefert bekommen haben. Es sind wahrscheinlich die letzten.«

Ich gestehe, dass ich, vor etwa zwanzig Jahren, einen Rumtopf angesetzt habe. Das gehörte damals nämlich zu einem erfüllten Leben, wenigstens einmal einen Rumtopf angesetzt zu haben. Meine Großeltern taten es, meine Eltern taten es, auch ich habe es getan. Wir Älteren aber haben, neben vielem anderem, versäumt, die Liebe zum Rumtopf an die folgende Generation weiterzugeben, nun treiben sie es mit Pastamaschinen und Trüffelhobeln. »Sie haben doch sicher junge, trendbewusste Kunden«, fragte ich die Verkäuferin. »Ich meine, jeder Mensch isst irgendwann im Leben eine Zwiebel, jeder. Wo, verdammt, bewahrt die deutsche Jugend von heute ihre Zwiebeln auf?

Ich mache alles mit. Ich bin sogar bereit, die Zwiebelchen zu pulverisieren und durch ein Röhrchen in die Nase zu ziehen, wenn das der Trend ist.« Die Verkäuferin schwieg.

# Über Trennungen

Ich möchte gerne über eine private Umfrage zu einem modernen Massenphänomen berichten, über das erstaunlicherweise noch niemals berichtet wurde. Das Thema heißt »Trennungstiere«.

Sebastian, Redakteur (42): »Also, bei uns ging es um zwei Zwergkaninchen und den Hund. Der Hund ist ja bei einem der letzten schlimmen Streite zwischen meiner Frau und mir aus dem Fenster gesprungen und hat sich was gebrochen, das Becken, glaube ich. Der kam danach bei uns nicht mehr die Treppen runter. Da haben wir den Hund zu meiner Schwester gegeben, aufs Land, dem geht es da ganz gut. Die Kaninchen sind bei meiner Exfrau in München, meine Töchter kommen ja immer nur am Wochenende zu mir. Klar, an den Futterkosten beteilige ich mich. Am Anfang haben meine Töchter bei mir die Kaninchen vermisst, inzwischen kommen sie damit klar, die werden ja auch größer und spielen gar nicht mehr mit denen. Erst wollten wir, dass je ein Kaninchen bei mir und eins bei meiner Exfrau bleibt. Aber Kaninchen kann man nach so langer Zeit nicht trennen. Die werden dann depressiv und fressen nicht mehr.«

Annika, Bewegungstherapeutin (30): »Mein Freund hatte dieses riesige Aquarium. In seine neue Wohnung hat das

Aquarium nicht reingepasst, da wollte er es über die *Zweite Hand* verkaufen. Es hat sich aber nur ein einziger Typ gemeldet, der wollte die Pflanzen haben, sonst nichts. Ohne die Pflanzen hat das Aquarium ekelig ausgesehen, überall ist so Schmodder rumgeschwommen, den man vorher gar nicht bemerkt hat. Die großen Fische haben die meisten kleinen gefressen, weil die sich nicht mehr verstecken konnten. Zwei Tage vor seinem Auszug ist er sein fucking Aquarium dann endlich doch noch losgeworden, aber der Käufer wollte die Fische nicht, bloß das Becken und den Filter. Da hat er die Fische mit dem Netz gefangen und einzeln das Klo runtergespült. Eiskalt. Seine geliebten afrikanischen Buntbarsche, die sogar Namen hatten. Da hab ich endgültig gewusst, die Trennung ist richtig.«

Michael, Arzt (55): »Die Katze ist ganz auf Max fixiert, unseren Sohn. Also fährt die Katze jeden Samstag, wenn er zwischen seiner Mutter und mir wechselt, mit Max von einer Wohnung zur anderen. Ich sage immer, pah, Patchwork-Familie, wir haben sogar eine echte Patchwork-Familien-Katze! Im Auto, in ihrem Katzenkorb, schreit und miaut und faucht sie allerdings immer wie eine Verrückte. Sie hat Angst vorm Autofahren. Wir haben aber das Gefühl, dass ihr das Autofahren immer noch lieber ist als das Alleinsein ohne Max. Das rührt mich richtig, diese Anhänglichkeit, die man Katzen eigentlich nicht zutraut. Anders als wir. Das beschämt einen auch. Manchmal denke ich aber, Max wird siebzehn, eines Tages, vielleicht schon bald, zieht er in seine eigene Wohnung, vielleicht mit einer Freundin. Wird er die Katze mitnehmen? Hängt von der Freundin ab, nehme ich an. Gut, die letzte Lösung heißt natürlich immer Einschläfern.«

# Über die Unterschicht

Was ich an Deutschland nicht gut finde, ist die Tatsache, dass in zahlreichen Kolumnen die Einwanderung englischer Wörter ins Deutsche angeprangert wird, während die Englischredenden – um, dies als Zugeständnis an die Fremdworthasser, deren Ansichten ich nicht teile, wohl aber, als Schüler Voltaires, respektiere, das Fremdwort »anglophon« zu vermeiden – sich, meines Wissens, relativ, oh, das ist schon wieder ein Fremdwort, widerspruchslos mit der Einwanderung deutscher Wörter abfinden, wogegen ich es an Deutschland, ich spreche jetzt von Deutschland als Sprachraum, gut finde, dass man im Deutschen, auch und gerade im Schweizerdeutschen, extrem verschachtelte, auf den ersten Blick ausweglose Sätze bauen kann, ein Faktum, gegen das keiner Kolumnen schreibt, wobei übrigens Schachtelsätze trotzdem halbwegs verständlich sein können, zumindest von der Richtung her, oder sogar sympathisch sind, denn lange Sätze haben etwas angenehm Unmäßiges, Obszönes, lange Sätze, meint, glaube ich, Adorno, sind die Orgien der Sprache.

Das Folgende sind echte englische Sätze, die so oder so ähnlich in Zeitungen gestanden haben könnten.

Party, Party uber alles. Federweisser is zeitgeist, but he

was schlepping hefeweizen like crazy. Oh, brother, look, this girl is a real laemmergeier. Verboten words, verboten things. Too much realpolitik is a strafe for the lumpenproletariat. The superheiss german model is fressing like a swine, and that's why I will seil me ab from this party. Only doppelgangers and dummkopfs hanging around here, therefore I have no entscheidungsproblem. Hande hoch, hausfrau!

Deswegen dachte ich in der Unterschichtdebatte, falls sich noch jemand an die Unterschichtdebatte erinnert, dass die Unterschicht eigentlich ein idealer Exportartikel in das Englische wäre. I feel so unterschicht today. Don't unterschicht me, my friend. These fuckin' ole german politics are schichting me unter, buddy.

Eine Schicht, die ich sympathisch finde, ist der heruntergekommene Adel. Gegen den Adel als solchen hege ich soziale Reserven, weil man in den vergangenen Jahrhunderten zum Beispiel dafür geadelt wurde, dass man dem König das königliche Nachtgeschirr entsorgte. Nichts, dessen man sich schämen müsste, aber noch achthundert Jahre später ausdrücklich darauf hinzuweisen, finde ich unappetitlich. Wenn aber erst einmal das letzte Schloss unter den Hammer gekommen ist und das letzte Bargeld in Monte Carlo verspielt, sind Adelige fast immer klasse Typen. Einmal habe ich bei einer Party einen ehemaligen *Bild*-Chefredakteur gesehen, der jetzt Pferdeschwanz trug und in einer Rockband spielte, der war auch nett. Sozialer Abstieg macht die Leute fast immer netter und interessanter. Nur beim Abstieg von der Mittel- in die Unterschicht funktioniert es nicht. Wenn aber die Oberschicht direkt in die Unterschicht absteigen würde, dann hätten wir in Deutschland auf einen Schlag zehntausend nette, interessante Menschen mehr. Beweis: der heruntergekommene Adel.

Aus folgendem Grund pflege ich mich zu den großen deutschen Debatten immer erst dann zu äußern, wenn diese bereits beinahe vorüber sind: I am built for comfort. I'm not built for speed.

# Über wahre Werte

Ein modernes Medium funktioniert ungefähr so. Morgens kommen wir ins Büro. Wir haben geduscht, Radio gehört, Fernsehen geschaut und die Nachrichtenagenturen gecheckt. Der Chef sagt: »Die spielen alle ganz groß das Thema Heimweh nach den wahren Werten. Ich finde, hm, lassen Sie mich nachdenken, am besten machen wir morgen das Heimweh nach den wahren Werten zu unserem zentralen Thema. Das spielen wir mal ganz groß.«

Es meldet sich der Praktikant, er sagt: »Entschuldigung bitte, ich bin ja noch so jung, aber ich glaube, dieses Heimweh nach den wahren Werten gibt es gar nicht. Ich schlage das Thema Sehnsucht nach der Sodomie vor, weil, das ist voll das junge Thema.«

Der Chef sagt: »Sie müssen noch viel lernen.« Dann überlegt er. »Nein, halt. Das Feuilleton bringt einen großen Text darüber, dass als Reaktion auf das Heimweh nach den wahren Werten in Teilen der Gesellschaft, sagen wir ruhig der Jugend, eine wachsende Sehnsucht nach der Sodomie herrscht. So nehmen wir den jungen Leser an die Hand und mit ins Boot.«

Das Feuilleton ruft: »Für so ein komplexes Thema brauchen wir substanziell mehr Zeit und substanziell mehr

Platz.« Der Chef ruft: »Was seid ihr nur für Weicheier. Sie« – er deutet auf den Praktikanten – »schreiben bis heute Mittag den Text, Sie haben ja schon die zentrale These und alles, das müssen Sie jetzt nur noch ein bisschen ausformulieren.«

Kischpreisträger Rosenkranz meldet sich. »Das Haupthindernis bei der Rückkehr zu den wahren Werten, wie überhaupt bei allem, ist meines Erachtens Bundesbeleidigungsminister Träuble. Der Mann ist unerträglich. Da muss man endlich mal draufhauen.«

Zustimmendes Raunen. Jungredakteur Schlabander, ein ganz Ehrgeiziger, will es schreiben.

»Ein hochkomplexes, wichtiges Thema«, sagt Politikchef von Rebhahn. »Ich will Sie nicht bremsen, Schlabander, Sie junger Recke, haha, aber das muss man schon differenziert und mit Fingerspitzengefühl machen.«

Zwei Stunden später kommt Schlabander mit dem Text. Politikchef von Rebhahn überfliegt ihn. »Das ist stilistisch unausgereift, inhaltlich undifferenziert, Junge, ich kenne Sie gar nicht wieder. Das können wir nicht drucken, wir nehmen stattdessen die Sehnsucht nach der Sodomie, das Feuilleton hat eh keinen Platz.«

Schlabander wird rot. »Kischpreisträger Rosenkranz meint, es sei brillant, er hat vor Glück geweint!« »Schon nach dem dritten oder erst nach dem vierten Cognac?«, fragt Rebhahn spitz. »Sie« – Schlabander wird noch röter – »sind morgen Abend bei den Träubles zum Abendessen eingeladen, das weiß ich nämlich! Sie wollen bloß keinen Stress! Wo bleibt unser Ethos?«

Von Rebhahn greift zum Telefon. »Seien Sie mal froh, Schlabanderchen, dass Sie so ein Riesentalent sind. So, Kinder, bringt mir doch mal den Text vom Feinbier über diese Vanessa Goe, die durchgeknallte Hermann-Göring-Ururenkelin, die sich für den *Playboy* ausziehen will, um für die Taten ihres Ururgroßvaters zu sühnen.«

# Über weibliches Kommunikationsverhalten

Wenn ich es richtig verstehe, gab es nach dem Fall Günter Grass (Waffen-SS) auch eine Art Fall Jürgen Habermas (Hitlerjugend). Habermas soll im Alter von dreizehn oder fünfzehn dem damaligen Hitlerjungen und späteren Historiker Hans-Ulrich Wehler einen Zettel geschrieben haben. Auf diesem Zettel soll sinngemäß gestanden haben, dass Wehler ruhig öfter mal zur Hitlerjugend kommen solle, bei der Hitlerjugend sei es super, man lerne auch was und so weiter. Jürgen Habermas hat bei der Hitlerjugend nämlich einen offenbar schwach besuchten Sanitätskurs geleitet. Später soll Habermas, um seinen historischen Irrtum zu vertuschen, den Zettel, den Wehler ihm, aus Gründen, die nicht bis ins letzte Detail zu ermitteln sind, zurückgegeben hat, weggeworfen oder aufgegessen haben.

Dazu fällt mir ein, dass Frauen ein anderes Kommunikationsverhalten haben als Männer. Frauen genießen die Kommunikation als solche. Sie finden es schön, sich zu äußern. Männer dagegen möchten mit der Kommunikation fast immer etwas Bestimmtes erreichen. Kommunikation ist für sie nur ein Werkzeug. Wenn es nichts für sie Nützliches zu sagen gibt, schweigen sie. Dies hat die Wissenschaft herausgefunden und bewiesen. Deswegen gibt es so viele Moderatorinnen und so wenige Anglerinnen.

Wenn ich mit Frauen über das Festnetz telefoniere, höre ich im Hintergrund das unablässige Klingeln ihres Handys, oder ich höre das Geräusch, das die pausenlos hineinströmenden Simse verursachen, das Murmeln eines Baches aus sehr wahrscheinlich überflüssigen Wörtern, während ich gleichzeitig das Klackern der Computertasten höre, denn beim Telefonieren schreiben sie gleichzeitig, sehr wahrscheinlich überflüssige, E-Mails an ihre Freundinnen und ihre Typen. Männer schreiben E-Mails und telefonieren, wenn sie um eine Frau werben; danach, wenn sie etwas ganz Bestimmtes, was ich hier nicht näher beschreiben möchte, erreicht haben, hören sie auf damit. Wenn es leider immer noch zu wenige Frauen in Führungspositionen gibt, dann eben auch deswegen, weil Frauen in der für die Karriere oft entscheidenden biographischen Phase um die dreißig ununterbrochen telefonieren, simsen und e-mailen, und zwar aufgrund ihres Frauseins, während die Männer schweigen und arbeiten. Nicht immer ist an allem die Gesellschaft schuld!

Wenn jetzt aber trotz dieses biologischen Handicaps die Emanzipation früher durchgegriffen und ab dem Jahre 1810 weltweit völlige Chancengleichheit bestanden hätte, dann wäre doch wohl heute die führende Schriftstellerperson nicht ein Mann wie Grass, und die alles überragende Philosophengestalt wäre kein Mann wie Habermas. Das wären alles Frauen stattdessen. Die Nazibonzen und Churchill, Roosevelt und die Widerstandskämpfer, das wären alles ebenfalls mindestens zur Hälfte Frauen gewesen. Ich weiß nicht, inwieweit die Geschichte dann erfreulicher verlaufen wäre, aber in einem Punkt bin ich mir sicher. Wenn Grass und Habermas Frauen wären, dann würden wir Jahrzehnte später nicht über Dinge diskutieren, die eine Frau Grass oder eine Frau Habermas sechzig Jahre lang verschwiegen haben. So lange können Frauen doch gar nicht schweigen.

# Über Weihnachten

Die Redakteure haben gesagt, ich darf mir etwas wünschen. Da habe ich mir spontan eine Honorarerhöhung gewünscht. Meine letzte Erhöhung hat noch Gerd Bucerius unterzeichnet, nachdem er vom Tanztee bei Adenauers in die Redaktion zurückgekommen war, in einer Walzerlaune quasi; aber nein, sagten die Redakteure, denken Sie halt mal nicht immer nur an sich, wir machen eine Themenausgabe zum »Zustand der Welt«, es sollen Wünsche für eine bessere Welt sein. Da sagte ich: »Ob die Welt ein bisschen besser oder ein bisschen schlechter ist, kann der ZEIT und ihren Lesern doch schnurzpiepegal sein.« Die Redakteure antworteten: »Was bist du nur für ein rohes, gefühlloses Tier, du Tier, du.«

Das wollte ich nicht auf sich beruhen lassen. Deswegen habe ich zum ersten Mal in meinem Leben wirklich lange über die Welt und ihren Zustand nachgedacht; am Ende des Nachdenkens habe ich gesagt: »Damit die Welt besser wird, wünsche ich mir, dass der Axel-Springer-Verlag die Welt für einen Euro an mich verkauft. Ich werde als neuer Verleger auf der Seite eins der Welt persönlich eine tägliche Sexkolumne verfassen, ›Lendenzeichen‹, die wird so richtig schnackeln. Ob ich dann freilich noch dazu komme, für die

*ZEIT* zur Feder zu greifen, bleibt dahingestellt, aber ihr wollt es ja nicht anders.«

Da riefen die Redakteure: »Er denkt wirklich immer nur an sich! Diese Bestie! Dieses Vieh! Wir meinen doch nicht die Zeitung *DIE WELT*, wir meinen die Welt als solche, den Globus, schnall es doch endlich, Mann, und lass dir ausnahmsweise was Menschenfreundliches einfallen, einen Wunsch, es gibt auf der Welt so viel Schlechtes.«

Ich sagte: »Dann wünsche ich mir, dass ich nächstes Jahr zur Weihnachtsfeier eingeladen werde. Ihr habt mich wieder nicht zur Weihnachtsfeier eingeladen, denkt ihr etwa, ich merke das nicht? Rieche ich vielleicht? Ist es wegen meiner Abstammung? Sind es die langen Haare? Ist es, weil ich keinen Redakteursvertrag besitze wie ihr? Wenn ihr wirklich eine gerechtere Welt haben möchtet, dann fangt am besten mit dem Buchstaben M auf der Gästeliste der Weihnachtsfeier an.«

Die Redakteure riefen: »Wenn du es unbedingt wissen willst, wir laden dich nicht ein, weil du so ein verfluchter Egozentriker bist. Und jetzt der philantropische Wunsch, dalli, dalli. Wenn du es partout nicht kannst, du Behemoth, du Monstrum, du Halbwesen aus dem Hades des Journalismus, dann schreib halt was Ironisches.«

Ich sagte: »Ironisch? Nein. Ich wünsche von ganzem Herzen allen Menschen auf der Erde, von den Laki-Luka-Indianern in den endlosen Eiswüsten Feuerlands bis zu den Bantus in den staubigen Steppen des Schwarzen Kontinents, vom ärmsten indischen Softwaredesigner bis zu der reichsten Aushilfskellnerin von München-Mark-Eurofing, dass keiner von ihnen, egal, was er oder sie verbrochen hat, egal, welche sexuelle oder politische Ausrichtung sie haben, keiner, sag ich, soll jemals so selten zur Weihnachtsfeier eingeladen werden wie ich von euch.«

Da schwiegen die Redakteure. Ich hatte sie, was den Zustand der Welt betrifft, immerhin ein bisschen nachdenklich gemacht.

# Über den Widerstand im Nationalsozialismus

Vor einiger Zeit musste ich mich aus beruflichen Gründen intensiv mit Adolf Hitler befassen. Dabei habe ich eine wissenschaftliche Entdeckung gemacht. Adolf Hitlers Mutter war krank und starb. In dieser Zeit wurde sie von einem Arzt aufopfernd betreut, der Dr. Bloch hieß und Jude war. Weil die Hitlers arme Leute waren, arbeitete Dr. Bloch für ein bescheidenes, fast lächerliches Honorar. 77 Hausbesuche und 47 Behandlungen kosteten 359 Kronen. Das kann man alles nachlesen. Der junge Hitler ergriff unter Tränen Dr. Blochs Hand und sagte: »Dr. Bloch, ich werde Ihnen immer dankbar sein.« So war es auch. Hitler sorgte im sogenannten »Dritten Reich« persönlich dafür, dass dem alten Arzt kein Haar gekrümmt wurde; Dr. Bloch überlebte und sagte nach 1945 in einem Interview: »Mir wurden Vergünstigungen gewährt, wie sie keinem anderen Juden in ganz Deutschland eingeräumt worden sind.«

Das heißt, Adolf Hitler hat in der finstersten Epoche der deutschen Geschichte nachweislich das Leben von mindestens einem Juden gerettet. Bekanntlich war der Antisemitismus das Kernstück der nationalsozialistischen Ideologie; es war strengstens verboten, Juden zu helfen. Hitler hat also einiges riskiert, als er Dr. Bloch half, er hätte seinen Job verlieren und zum Gespött der ganzen Welt werden können. Man stelle sich vor, die britische Presse hätte Wind davon bekommen, dass ausgerechnet Adolf Hitler heimlich verfolgten Juden hilft.

Als ich das gelesen habe, sind mir zum ersten Mal Zweifel daran gekommen, ob Hitler wirklich Nationalsozialist war. Es stimmt natürlich, dass er dort in leitender Position tätig und in all diese Dinge verstrickt gewesen ist, aber das Letztere gilt in jener Zeit doch mehr oder weniger für alle. Es findet sich immerhin kein einziges von Adolf Hitler unterzeichnetes Schriftstück, in dem stünde: »Alle Juden sind umzubringen.« Womöglich hat Hitler, der einfach nur ehrgeizig war und eine politische Karriere machen wollte, den Antisemitismus und den Militarismus der meisten anderen Deutschen beobachtet und sich gesagt, dass er auf diese Weise, indem er sich so gibt, wie er sich gab, am schnellsten Kanzler wird, was ja auch stimmte. Innerlich aber war er ein Gegner des NS-Regimes. Seinen Zwängen aber konnte er sich ebenso wenig entziehen wie Millionen andere. Immerhin hat Hitler, wieder unter Inkaufnahme erheblicher persönlicher Risiken, den SA-Führer Röhm beseitigen lassen, einen besonders brutalen Kerl, und er hat mit letzter Kraft dafür gesorgt, dass wenigstens nicht der fanatische Nazi Göring sein Nachfolger wird, sondern der ideologisch weit weniger festgelegte Admiral Dönitz.

Wenn man sucht, findet man also genügend Hinweise dafür, dass Adolf Hitler, so sonderbar es klingt, ein Mann des Widerstands und ein guter Mensch gewesen sein könnte, vorausgesetzt, man ist fest dazu entschlossen, diese Meinung zu vertreten, zum Beispiel, weil man, vielleicht als Ministerpräsident, Redner auf einer Gedenkveranstaltung für Adolf Hitler ist und weil man die Gefühle der Freunde und Angehörigen von Adolf Hitler, die in der ersten Reihe sitzen, auf keinen Fall verletzen will.